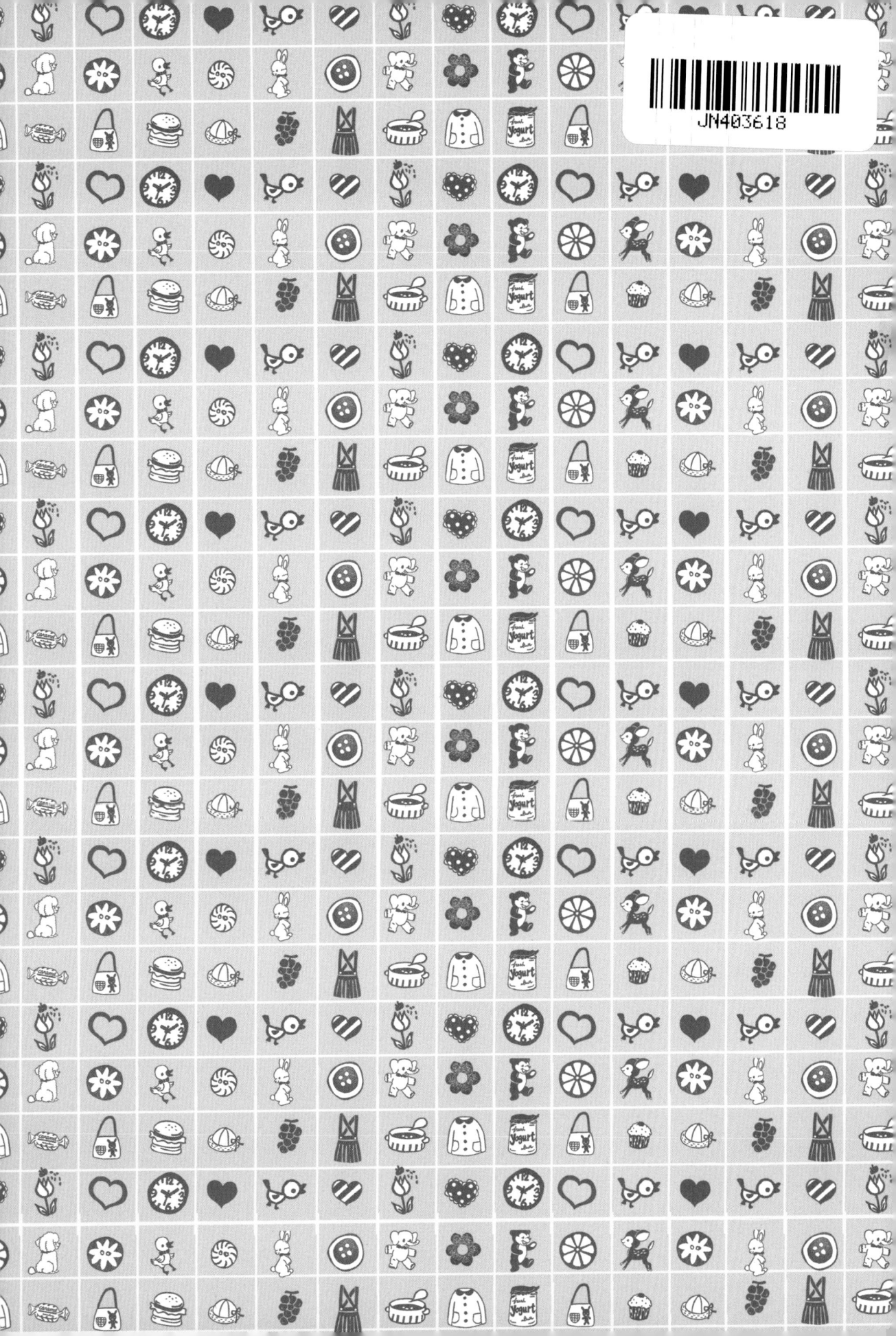

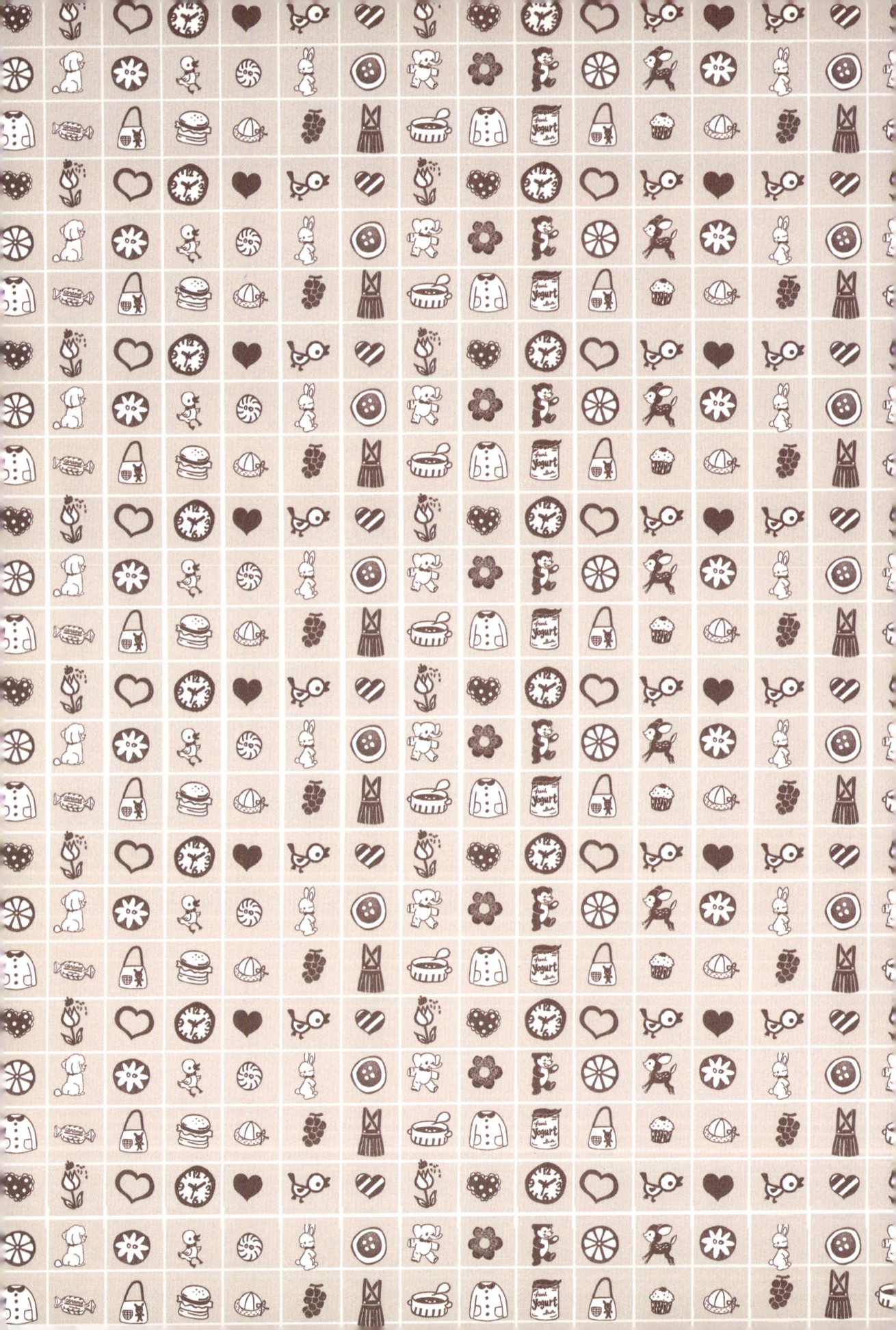

소소한 즐거움이 있는 핸드메이드

처음 하는 스탬프

Lady Boutique Series No.2744 CHISANA OUCHI NO CHISANA KESHIGOMU HANKO
Copyright @ 2008 by BOUTIQUE-SHA, INC.
All rights reserved.
Original Japanese edition published by BOUTIQUE-SHA, INC.
Korean translation rights @ 2012 by Happy Dream Publishing co.
Korean translation rights arranged with BOUTIQUE-SHA, INC. Tokyo
through EntersKorea Co., Ltd. Seoul, Korea

이 책의 한국어판 저작권은 (주)엔터스코리아를 통한 일본의 BOUTIQUE-SHA, INC와의 독점 계약으로 즐거운상상이 소유합니다.
신 저작권법에 의하여 한국 내에서 보호를 받는 저작물이므로 무단전재와 무단복제를 금합니다.

처음 하는 스탬프

1판 1쇄 인쇄 2012년 1월 25일
1판 1쇄 발행 2012년 2월 1일

지은이_고마 게이코
옮긴이_김현영
펴낸이_정원정, 김자영
편집_홍현숙
디자인_안혜현

펴낸곳_즐거운상상
주소_서울시 용산구 문배동 11-14 이안1차 101동 오피스텔 202호
전화_02-706-9452 | 팩스_02-706-9458 | 전자우편_happywitches@naver.com
출판등록_2001년 5월 7일
인쇄_백산하이테크

ISBN 978-89-92109-87-1
ISBN 978-89-92109-69-7(세트)

* 이 책의 모든 글과 그림, 사진, 디자인을 무단으로 복사, 복제, 전재하는 것은 저작권법에 위배됩니다.
* 책값은 뒤표지에 있습니다.

소소한 즐거움이 있는 핸드메이드
처음 하는 스탬프

my first stamp projects

A to Z

즐거운상상

Prologue

특별할 것이 없는 나날이지만,
가족의 웃음이 제 삶의 행복입니다.
언제까지나 가족의 태양이 되고 싶습니다.

집에서 보내는 시간이 참 좋아요.
소품이 좋고,
앙증맞은 물건들이 좋고,
무언가 만드는 것이 좋고,
다른 사람을 기쁘게 하는 일이 좋아요.

그렇게 좋은 것들을 한데 모아 놓고 싶어서
언제나 머릿속은 이런저런 생각으로 가득 차 있지요.
그런 생각들이 큰 즐거움이기도 하고요.
마음에 쏙 드는 물건들로 가득 채워진 우리 집.
좋아하는 것들로 가득 채워진 나.
많은 이에게 이 즐거움을 전하고 싶어요.
그것이 제 작업의 원동력이고요.

어렵지도 않아요.
쉽게, 예쁘게 만들 수 있는 무언가를 찾으신다면,
손으로 만드는 지우개 스탬프, 어떠세요?
지우개 스탬프는 인생을 즐겁게 해준답니다.
지우개 스탬프만 있으면 아주 다양한 소품을 뚝딱 만들 수 있어요.

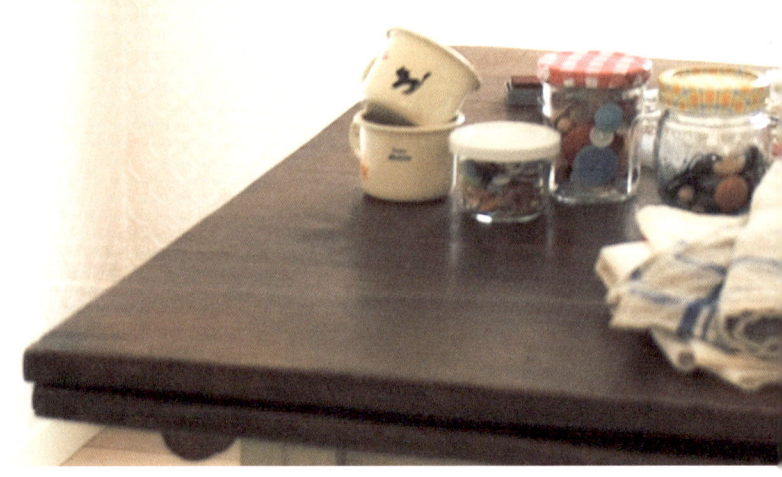

contents

prologue 004
처음 만드는 지우개 스탬프 008

Part 1 쓰임새가 다양한 키친 클로스

014 도시락의 단짝 친구 *보자기 키친 클로스
016 부엌의 필수품 *행주 키친 클로스
018 핸드메이드 포장지 *들고 다니는 키친 클로스

Part 2 귀여운 그릇들

024 귀여운 식기 세트
026 유럽스타일 카페오레 볼
027 꽃무늬 텀블러

Part 3 가벼운 외출용 가방

030 늘 들고 다니는 *가방
032 산책할 때 들기 좋은 *가방
034 도시의 밤 풍경 *가방

038 재료 이야기

Part 4 귀여운 바느질 소품

042 가위 지킴이
044 핀 쿠션
046 싸개 단추
048 나만의 태그(tag)

Part 5 멋쟁이를 위한 수납품

054 멋쟁이를 위한 벽걸이 고리
055 아이를 위한 벽걸이 고리
056 라벨이 있는 수납 상자

Part 6 하얀 블라우스와 꽃무늬

059 심플 블라우스

| 060 여자아이 캐미솔 | 062 도안 이야기 | Part 7 상쾌한 하루를 만드는 식탁용 매트 | 066 기분 좋은 아침을 위한 식탁 매트 | 068 어린이 식탁 매트 | 070 느긋한 점심을 위한 매트 |

Part 8 나만의 여유 시간, 찻잔 받침
- 076 베이직 찻잔 받침
- 078 아플리케 찻잔 받침

Part 9 장식과 수납용으로도 효과만점 유리병
- 082 꽃병
- 084 선물 용기

Part 10 독서가 즐거워지는 북 액세서리
- 090 집안에서 쓰는 북 커버
- 091 외출용 북 커버와 책갈피

Part 11 나만의 카드
- 096 생일 카드
- 097 행복한 크리스마스
- 097 연하장
- 098 한여름의 안부 인사
- 100 아주 작은 ABC 북

Part 12 추억의 앨범
- 106 스크랩 북
- 108 아기 앨범
- 110 여행의 추억

Part 13 보온병과 함께
- 113 보온병 받침
- 116 보온병 주머니
- 118 살짝 공개! 작가의 작업실

처음 만드는 지우개 스탬프

지우개 스탬프는 누구나 만들 수 있어요. 주변에서 쉽게 구할 수 있는 재료와 도구로 만들 수 있다는 것이 장점이지요.
귀여운 모티브를 찾아서 한번 시작해보세요.

스탬프를 만드는 데 필요한 것들

1. **지우개**
   스탬프 만들기의 가장 기본이 되는 재료예요. 일반 지우개도 좋지만, 스탬프 제작용으로 나온 전용 지우개를 사용하면 훨씬 파기가 좋아요.
2. **연필 · 샤프펜슬**
   도안을 본뜰 때 사용해요. 샤프펜슬은 세밀한 부분을 그릴 때 편해요.
3. **트레이싱 페이퍼**
   도안을 본뜰 때 쓰는 얇은 종이예요. 지우개로 지우면 반복해서 쓸 수 있어요.
4. **커팅 매트**
   지우개를 자를 때 필요한 고무 매트예요. 지우개 아래에 매트를 대고 자르세요.
5. **커터 · 디자인커터 · 조각칼**
   디자인커터만 있어도 조각할 수 있어요. 커터는 남는 지우개를 잘라 낼 때, 조각칼은 넓은 면적을 팔 때 편리해요.

끝이 둥근 조각칼

스탬프를 찍는 데 필요한 것들

➜ **잉크(artnic)**
종이에 찍기 가장 좋은 잉크예요. 색깔이 다양하고, 오래가는 특징이 있어요. 칠하지 않은 목재에 찍을 때도 이 잉크가 좋아요.

➜ **패브릭 잉크(Fabrico)**
천에 번지지 않고 선명하게 찍혀요. 찍고 나서 다림질로 열을 가하면 세탁해도 색이 지워지지 않는답니다.

➜ **유리 · 목재용 잉크(StazOn)**
빨리 마르는 유성 잉크예요. 다양한 소재에 사용할 수 있지만, 도장하지 않은 목재에 사용하면 약간 번지기도 해요. 물에는 좀 약한 편이랍니다.

➜ **도자기용 잉크(Glossies)**
도자기에 찍기 가장 좋은 잉크예요. 스탬프를 찍고 나서 가정용 오븐에서 열을 가하면 세척해도 색이 지워지지 않아요. 내열 유리 용기에도 사용할 수 있어요. 인체에 해가 없답니다.

있으면 편리한 것들

➜ **티슈**
스탬프에 묻은 잉크를 닦을 때 사용해요.

➜ **스펀지**
도자기용 잉크를 바를 때 사용해요. 화장용 스펀지가 가장 좋아요.

➜ **다리미**
천에 찍은 스탬프의 잉크를 정착시키는 데 사용해요.

스탬프를 찍는 여러 가지 방법
☆ 작품에 스탬프를 찍을 때는 시험 삼아 몇 번 해봐야 실패를 막을 수 있어요.

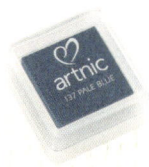

사용하는 잉크 'artnic'
종이에 찍을 때

1 잉크와 스탬프를 들고, 잉크를 스탬프에 톡톡 두드리듯이 발라요.

2 골고루 잉크를 묻히고 나서 스탬프에 균일하게 힘을 주어 종이에 대고 눌러요.

3 도장이 찍힌 모습이에요.

사용하는 잉크 'Fabrico'
천에 찍을 때

1 '종이에 찍을 때'와 마찬가지로 잉크를 골고루 묻혀서 눌러줘요.

2 다리미를 '면'에 맞춰놓고 조금씩 옮겨가며 15초 이상 눌러주세요.

3 잉크가 잘 배어들었어요. 세탁해도 지워지지 않는답니다.

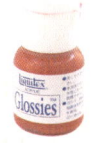

사용하는 잉크 'Glossies'
도자기에 찍을 때

1 두꺼운 종이에 잉크를 적당히 덜어놓고, 스펀지를 이용해서 스탬프에 골고루 묻혀요.

2 너무 힘을 주지 말고, 잉크가 균일하게 나오도록 스탬프를 찍어요. 잘못 찍었을 때는 티슈로 닦고 다시 찍어요. 다 찍고 나면 스탬프에 묻은 잉크는 물로 깨끗하게 씻어주세요.

3 180℃로 예열한 오븐에 2를 넣고서 30~40분 동안 구워요. 다 식은 후에 꺼냅니다.

4 잉크가 잘 구워졌어요. 이제 설거지해도 끄떡없어요.

사용하는 잉크 'StazOn'
유리 · 목재에 찍을 때

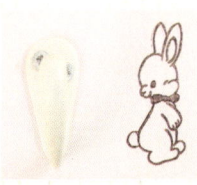

★유리
1 '종이에 찍을 때'와 마찬가지로 잉크를 골고루 묻혀서 찍어주세요. 미끄러질 수 있으니 너무 꾹 누르지 마세요.

2 잉크가 마를 때까지 잠시 기다려요. 물에 견디는 성질이 약해서 세척은 불가능해요. 또한, 손으로 문지르는 것도 피해야 해요.

★목재
1 '종이에 찍을 때'와 마찬가지로 잉크를 골고루 묻혀서 찍어주세요. 도장이 흔들리거나 미끄러지지 않도록 신중하게 찍으세요.

2 잉크가 마를 때까지 잠시 기다려주세요.

도장 파는 법
☆커터를 사용할 때는 손을 베지 않도록 조심하세요.

1 도안을 트레이싱 페이퍼에 베낀다.

도안 위에 트레이싱 페이퍼를 놓고, 연필로 도안의 선을 따라 그려요. 도안의 검은 부분은 채우지 말고, 윤곽만 따라서 그려주세요.

point 섬세한 선은 샤프펜슬로 그려야 깨끗해요.

2 도안을 지우개에 옮긴다.

본뜬 도안을 그대로 뒤집어서 지우개 위에 놓고, 연필 흔적이 그대로 묻어날 수 있게 엄지손톱으로 부드럽게 긁어주세요. 이때 지우개의 가장자리에 맞춰서 도안을 본뜨면 지우개를 절약할 수 있어요.

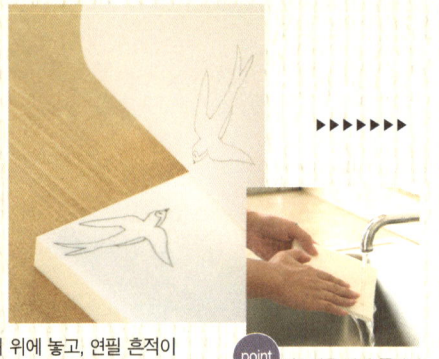

point 지우개를 사면 표면에 가루가 많이 묻어 있어요. 씻어서 사용하면 도안을 깨끗하게 옮길 수 있어요.

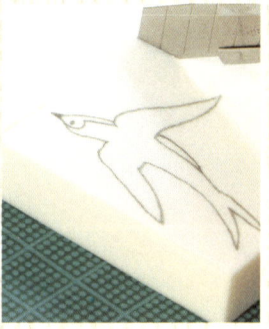

커터로 도안 주변을 잘라내요.

3 도안의 윤곽을 판다.

커터의 날을 조금 기울여서 윤곽선 바깥쪽을 향해 날을 넣고, 시계 방향으로 진행해요. 가능하면 지우개에서 날을 빼지 말고, 한 번에 조각해야 선이 매끄러워져요.

4 골을 판다.

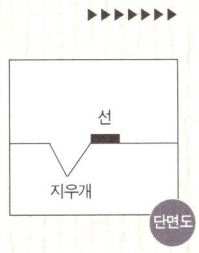

3에서 낸 칼집과 V자를 이루도록 도안을 향해 날을 넣고, 시계 반대 방향으로 진행해요. 도안 안쪽을 파야 할 때도 3과 4의 순서로 날을 넣어요.

같은 방법으로 도안의 모든 윤곽선을 조각해요. 도안의 검은 부분은 파내지 않아요. 새의 눈처럼 세심한 부분이나 머리 쪽의 심한 곡선 부분은 날을 얕게 넣어서 조각하는 것이 비결이에요.

5 남은 부분을 조각한다.

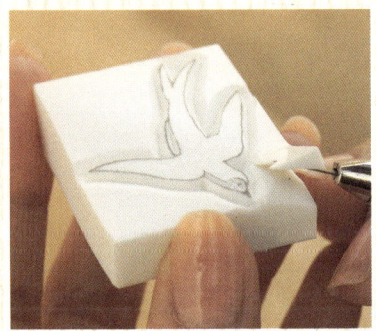
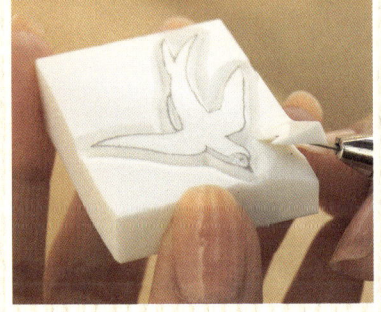

디자인커터로 도안 주변의 남는 부분을 깎아내요.

point 면적이 넓은 곳은 조각칼이 편해요.

6 도안의 크기대로 지우개를 자른다.

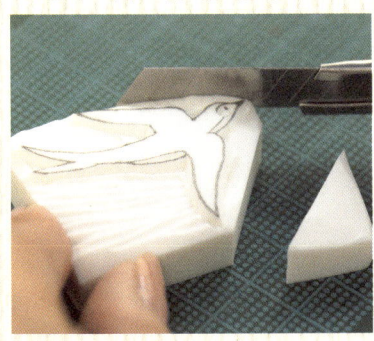

커터로 도안 둘레를 적당하게 잘라내요.

완성

Part 1
쓰임새가 다양한 키친 클로스

저는 키친 클로스(kitchen cloth)를 많이 갖고 있어요.
쓸모가 많아서 아주 편리하거든요.
잡화점을 구경하는 날에는 이상하게도 꼭 하나씩은 사게 되더라고요.
그냥 시판되는 클로스에 살짝 스탬프만 찍어도 귀엽고,
쓰기 편한 크기로 직접 만들면
자꾸만 손이 가는 애용품이 되지요.
집에서 리넨으로 직접 만든 키친 클로스, 얼마나 정이 가는지 몰라요.

도시락의 단짝 친구 * 보자기 키친 클로스

베이글과 잼, 커트러리를 올려놓고 적당히 묶어주었어요. 감싸기 좋은 크기로 천을 자르고 가장자리만 박아서 만들었지요. 문어 모양 소시지, 주먹밥, 물통, 바나나……. 즐거운 점심시간이 떠올라 기분이 좋아집니다.

식탁보의 귀퉁이나 가장자리에 지우개 스탬프를 찍어보세요.

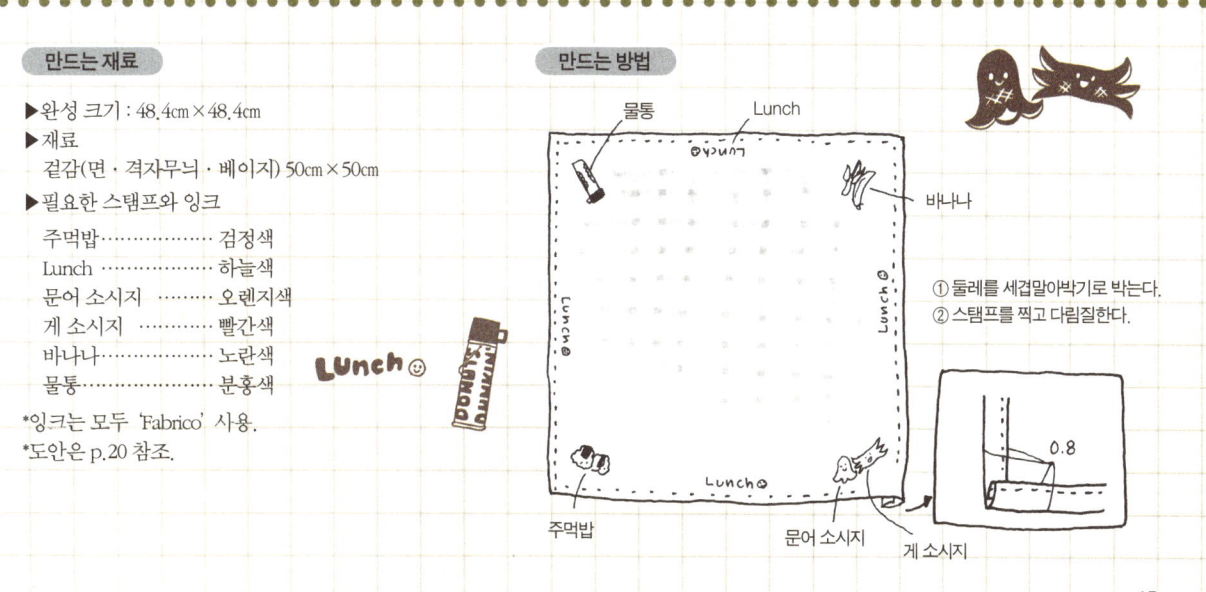

만드는 재료

▶ 완성 크기 : 48.4cm×48.4cm
▶ 재료
  겉감(면·격자무늬·베이지) 50cm×50cm
▶ 필요한 스탬프와 잉크
  주먹밥 ·············· 검정색
  Lunch ············· 하늘색
  문어 소시지 ······· 오렌지색
  게 소시지 ········· 빨간색
  바나나 ············· 노란색
  물통 ··············· 분홍색

*잉크는 모두 'Fabrico' 사용.
*도안은 p.20 참조.

만드는 방법

① 둘레를 세겹말아박기로 박는다.
② 스탬프를 찍고 다림질한다.

0.8

부엌의 필수품 * 행주 키친 클로스

산뜻한 빨간색 줄이 있는 행주에 냄비와 주방도구 스탬프를 찍어 보았어요. 수분을 잘 흡수하는 와플 클로스(waffle cloth, 표면이 벌집처럼 생겼다고 해서 붙은 이름. 장방형의 테두리는 솟아 있고, 그 가운데는 오목하게 들어간 천)에 리넨으로 테두리를 두르고, 그 리넨에 블루베리 문양을 콩, 콩, 콩 찍었답니다. 물론 고리에도 스탬프를 찍어서 모양을 냈지요.

I Love kitchen

만드는 재료

2
- ▶완성 크기 : 38cm×34cm
- ▶재료
  겉감(면・와플・흰색) 38cm×34cm
  ※시판되는 키친 클로스 사용
  리넨 테이프 A (1.8cm 폭) 약 150cm
  리넨 테이프 B (1.8cm 폭) 16cm
- ▶필요한 스탬프와 잉크
  블루베리(열매) …… 남색
  Blue Berry ………… 남색
  I Love Kitchen …… 빨간색
- *잉크는 모두 'Fabrico' 사용.
- *도안은 p.21 참조.

3
- ▶완성 크기 : 50cm×50cm
- ▶재료
  겉감(면・빨간 줄무늬・흰색) 50cm×54cm
- ▶필요한 스탬프와 잉크
  냄비………………빨간색
  뒤집개……………빨간색
  고무 주걱 ………빨간색
  세제………………빨간색
  하트………………빨간색
  I Love Kitchen …… 검은색
- *잉크는 모두 'Fabrico' 사용.
- *도안은 p.20 참조.

만드는 방법

① 리넨 테이프에 스탬프를 찍고 다림질한다.

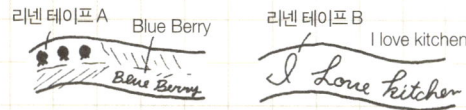

2

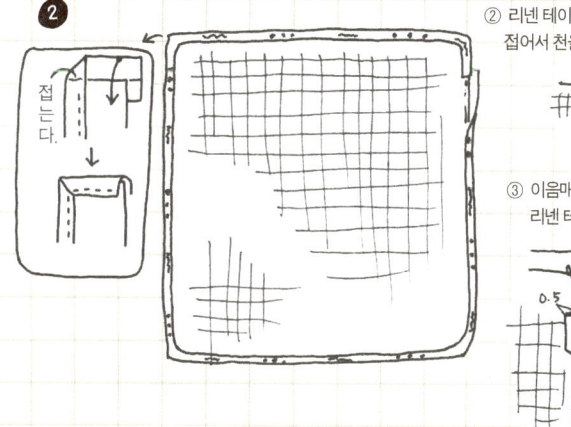

② 리넨 테이프 A를 반으로 접어서 천을 감싸고 박는다.

③ 이음매를 감추듯이 리넨 테이프 B를 달아준다.

3

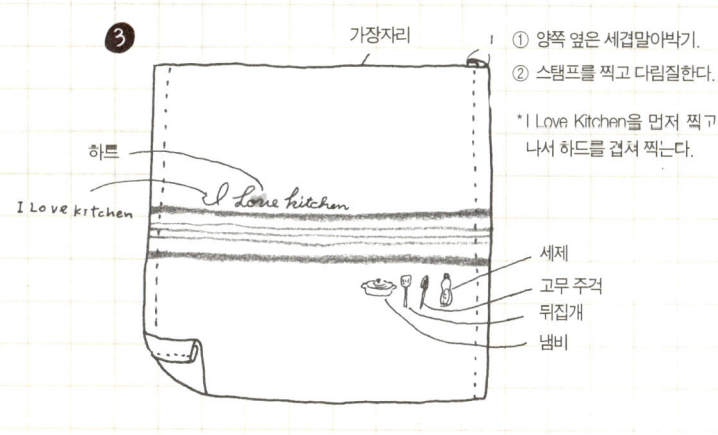

① 양쪽 옆은 세겹말아박기.
② 스탬프를 찍고 다림질한다.

*I Love Kitchen을 먼저 찍고 나서 하트를 겹쳐 찍는다.

핸드메이드 포장지 * 들고 다니는 키친 클로스

카페오레 볼 문양을 클로스에 찍어 마카롱 모양의 깜찍한 양초를 감쌌어요. 키친 클로스는 가볍게 선물할 때 포장지로 사용하기도 좋아요. 물건을 잘 감싸서 끈으로 살짝 묶어주면, 단출하면서도 예쁜 선물로 변신하지요. 과일을 선물한다면 깜찍한 버찌 스탬프도 잘 어울립니다.

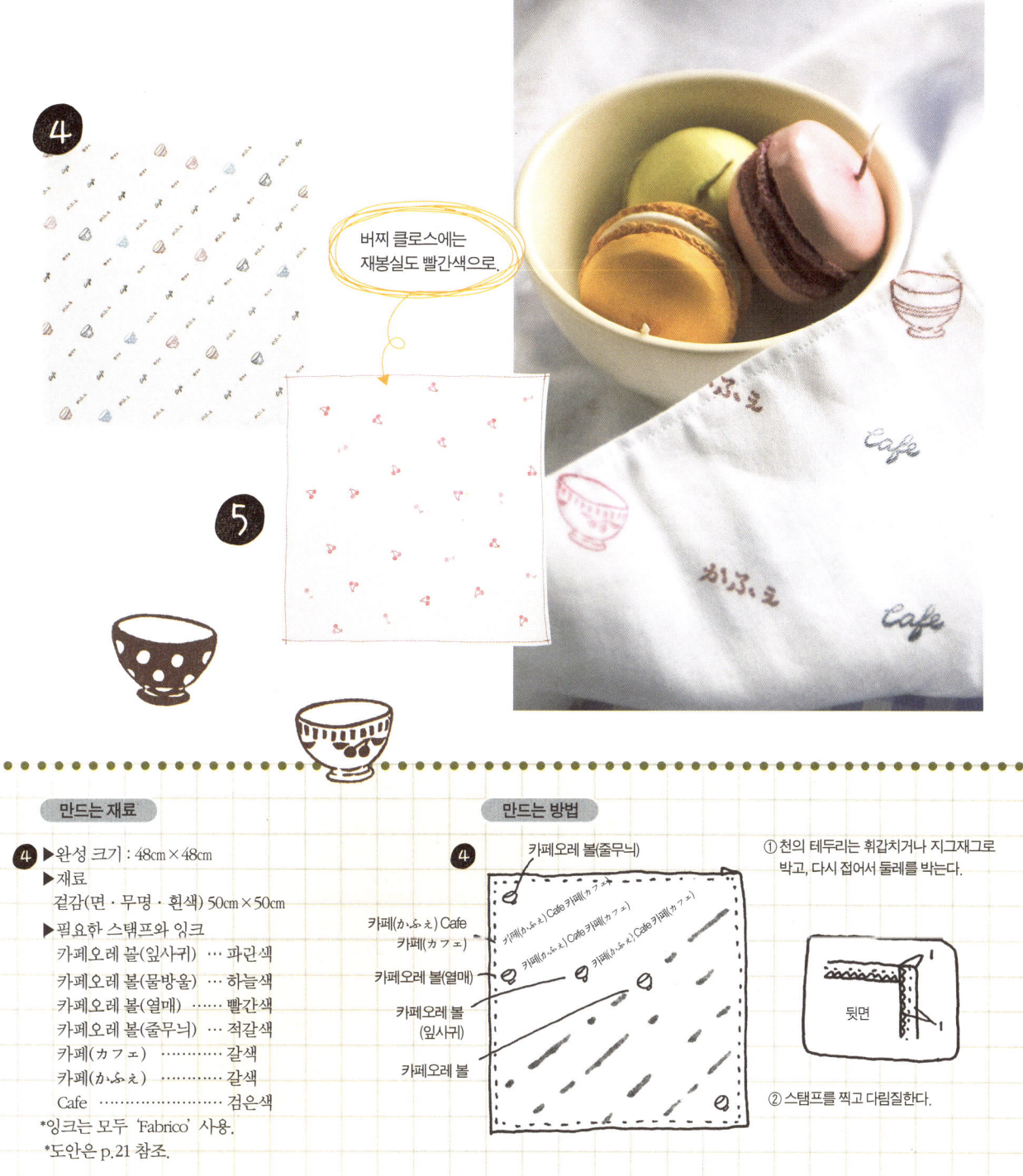

버찌 클로스에는 재봉실도 빨간색으로.

만드는 재료

4
▶완성 크기 : 48cm×48cm
▶재료
겉감(면・무명・흰색) 50cm×50cm
▶필요한 스탬프와 잉크
카페오레 볼(잎사귀) … 파란색
카페오레 볼(물방울) … 하늘색
카페오레 볼(열매) …… 빨간색
카페오레 볼(줄무늬) … 적갈색
카페(カフェ) ………… 갈색
카페(かふえ) ………… 갈색
Cafe …………………… 검은색
*잉크는 모두 'Fabrico' 사용.
*도안은 p.21 참조.

5
▶완성 크기 : 46cm×46cm
▶재료
겉감(면・민무늬・흰색) 50cm×50cm
▶필요한 스탬프와 잉크
버찌A…………………… 빨간색
버찌B …………………… 분홍색
*잉크는 모두 'Fabrico' 사용.
*도안은 p.21 참조.

만드는 방법

4
- 카페오레 볼(줄무늬)
- 카페(カフェ) Cafe
- 카페(カフェ)
- 카페오레 볼(열매)
- 카페오레 볼(잎사귀)
- 카페오레 볼

① 천의 테두리는 휘갑치거나 지그재그로 박고, 다시 접어서 둘레를 박는다.

뒷면

② 스탬프를 찍고 다림질한다.

5
① 천의 테두리는 세겹말아박기.

② 스탬프를 찍고 다림질한다.

- 버찌 A
- 버찌 B

실물 크기 도안

소시지는 문어와 게 모양이 제격!

밖에서 냠냠냠

냉커피도 잊지 말자

바나나는 간식?

정을 팍팍 담은 주먹밥

주방의 필수품

냄비는 만능 재주꾼

주방의 애용품

아기자기 예쁜 그릇들

커피 어때요?

소풍가는 기분
Picnic

볼과 커트러리

도시락을 장식해요.

카페 메뉴

스푼 하나

버찌

신선한 채소를 곁들여요.

또르르 완두콩

커피 어때요?

곰돌이의 벌꿀

활짝 폈어요.

또르르 블루베리

Part 2

귀여운 그릇들

요리를 잘하는 것은 아니지만, 그릇을 사 모으는 건 좋아해요.
예쁜 머그잔이나 접시를 보면 가슴이 쿵쾅쿵쾅!
이 그릇에 무얼 담으면 좋을까 즐거운 고민에 빠진답니다.
친구가 놀러 오면 카페처럼 꾸미기도 해요. 멋진 카페에서 종종 볼 수 있는
하얀 그릇에 스탬프를 콩콩 찍어서 나만의 작품을 만들었어요.

귀여운 식기 세트

똑같은 그릇이 여러 개 있을 때 무당벌레 스탬프와 물방울 스탬프만 있으면 다양한 무늬를 만들 수 있어요. 잉크는 꼭 도자기용을 써야 해요. 리퀴텍스에서 나온 유리용 아크릴 물감(Liquitex Glossies)은 식기에 사용해도 안심할 수 있어요.

만드는 재료

▶ 재료
- ⑥~⑨ 접시(도자기·흰색) 지름 12.3cm
- ⑩ 머그잔(도자기·흰색) 지름 12.3cm×높이 6.5cm

▶ 필요한 스탬프와 잉크
- ⑥ 무당벌레A …… 빨간색
   작은 점 ………… 갈색
- ⑦ 무당벌레B …… 빨간색
   클로버 ………… 연두색
   lady bug ……… 갈색
- ⑧ 무당벌레C …… 빨간색
   작은 점 ………… 갈색
- ⑨ 무당벌레B …… 빨간색
   물방울A ……… 빨간색
   물방울B ……… 갈색
   lady bug ……… 갈색
- ⑩ 무당벌레A …… 빨간색
   무당벌레B …… 빨간색
   물방울A ……… 빨간색
   물방울 ………… 갈색

*잉크는 모두 'Glossies' 사용.
*도안은 p.28 참조.

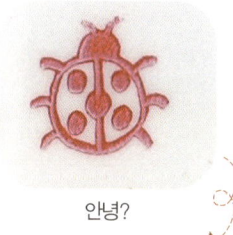

안녕?

나야

무당벌레

만드는 방법

① 스탬프를 찍는다.
② 180℃ 오븐에서 30~40분 굽는다.

⑥ 이쑤시개 끝에 잉크를 묻혀 점을 찍는다.
무당벌레A
클로버

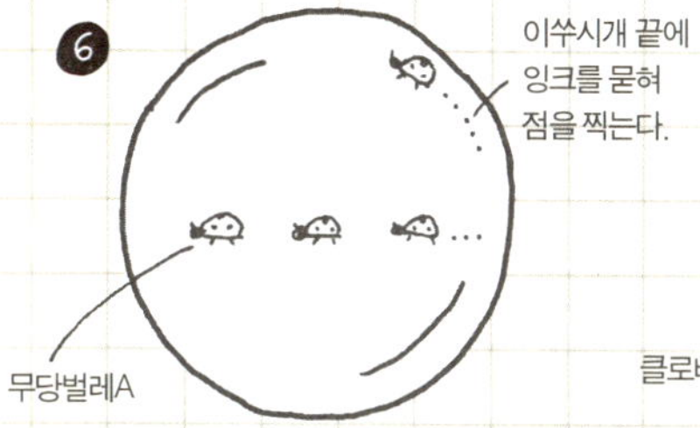

⑦ 무당벌레B
lady bug

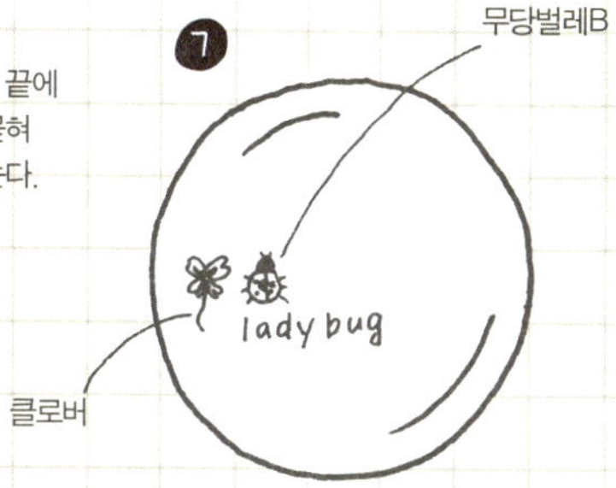

⑧ 이쑤시개 끝에 Glossies를 묻혀 점을 찍는다.
무당벌레C

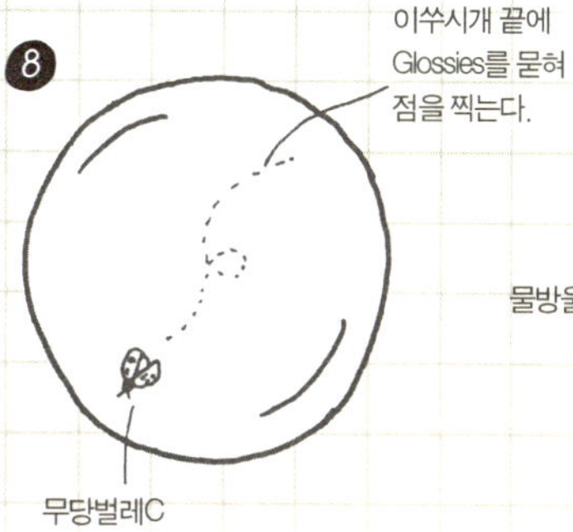

⑨ 물방울B
물방울A
무당벌레B

⑩ 물방울B
물방울A
무당벌레B
바닥의 안쪽에 무당벌레A를 찍는다.

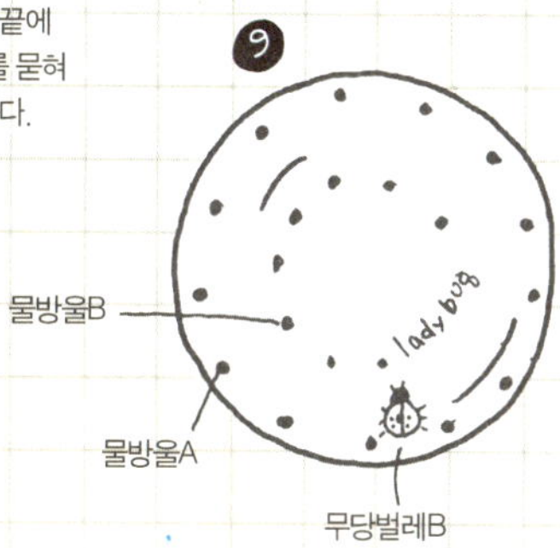

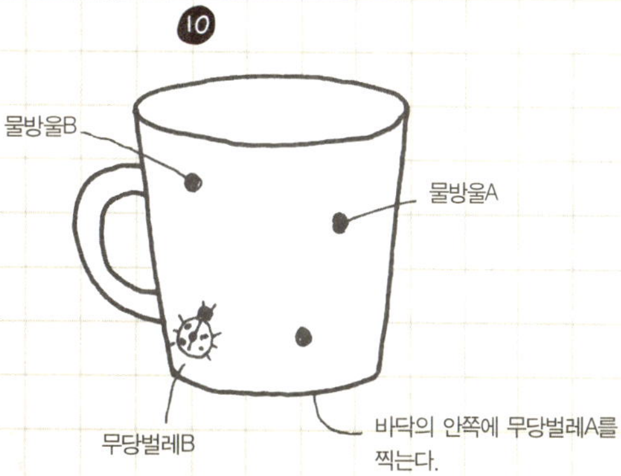

유럽스타일 카페오레 볼

소박하기 그지없는 하얀 카페오레 볼을 예쁘게 꾸며보았어요. 꽃봉오리와 레이스, 물방울 스탬프로 고풍스러운 분위기를 냈어요. 레이스는 일부만 만들어서 서로 연결해서 찍으면 돼요. 물방울은 같은 간격으로 규칙적으로 찍어야 예쁘게 보인답니다.

만드는 재료

▶재료
- ⑪ 카페오레 볼(도자기·흰색)
  지름 13.4cm × 높이 7.4cm
- ⑫ 카페오레 볼(도자기·상아색)
  지름 10cm × 높이 5.5cm

▶필요한 스탬프와 잉크
- ⑪ 레이스 ………… 분홍색
  물방울 ………… 분홍색
- ⑫ 꽃 ……………… 남색

*잉크는 모두 'Glossies' 사용.
*도안은 p.28 참조.

☆주의사항☆
오븐에서 가열해도 되는 식기인지 먼저 확인하세요.

만드는 방법

① 스탬프를 찍는다.
② 180℃ 오븐에서 30~40분 굽는다.

꽃무늬 텀블러

카페에 온 듯한 느낌이 드는 꽃무늬 텀블러예요. 진한 갈색 도자기와 고상한 상아색 도자기에 귀여운 꽃무늬 스탬프를 찍어서 깜찍함을 살려보았지요. 여러 아이템에 같은 문양을 찍으면 세트 소품이 완성됩니다.

만드는 재료

▶재료
- ⑬ 텀블러(도자기·상아색) 지름 8.5cm×높이 8cm
- ⑭ 텀블러(도자기·갈색) 지름 8.5cm×높이 8cm

▶필요한 스탬프와 잉크
- ⑬ 꽃 ………… 빨간색
- ⑭ 꽃 ………… 흰색

*잉크는 모두 'Glossies' 사용.
*도안은 p.28 참조.

만드는 방법

① 스탬프를 찍는다.
② 180℃ 오븐에서 30~40분 굽는다.

⑬
⑭

꽃

실물 크기 도안

B
안녕?

C
나야

A
무당벌레

잠깐의 휴식

작은 꽃

앙증맞은 레이스

물방울

귀여운 꽃

잘 자요

좋은 아침!

당근 좋아!

휘이~익

제비

내 사랑 당근

토기

팔랑팔랑 나비

쓱쓱 물고기

꽃무늬

빨간 열매 셋

Part 3

가벼운 외출용 가방

하루에 한 번은 외출을 하게 되지요.
대개는 무슨 거창한 외출이 아니라 가벼운 일을 보기 위해서지요.
아이와 공원에서 산책도 하고, 친구와 근처에서 점심도 먹고, 장을 보기도 해요.
이왕 나가는 거, 즐거운 기분으로 다녀오면 좋겠지요?
그래서 전 '이걸 들면 좋겠는데?' 하는 생각이 드는 가방을 직접 만들어서
'가벼운 외출'을 즐긴답니다.

늘 들고 다니는 * 가방

날마다 들고 다닐 가방이라서 자연의 느낌이 물씬 나는 리넨을 골랐어요. 장바구니로 써도 될 만큼 큼지막하게 만들었어요. 리넨의 산뜻한 색감에 맞춰서 스탬프도 무채색 잉크로 찍었어요. 도안은 쇼핑 리스트를 생각하며 만들었답니다.

    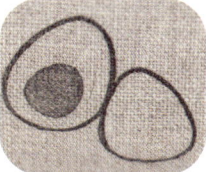

만드는 재료

- ▶완성 크기 : 세로 30cm×가로 40cm×바닥 폭 12cm
- ▶재료
  - A천(마·격자무늬·회색) 39cm×42cm 2장
  - B천(면·민무늬·베이지) 39cm×42cm 2장
  - 납작한 끈(2cm 폭) 45cm 2개
- ▶필요한 스탬프와 잉크
  - 음료수 ………… 검은색
  - 통조림 ………… 검은색
  - 치즈 …………… 검은색
  - 딸기 요구르트…… 검은색
  - 카트 …………… 검은색
  - 날걀케이스 ……… 검은색
  - 달걀 …………… 검은색
- *잉크는 모두 'Fabrico' 사용.
- *도안은 p.36 참조.

만드는 방법

① A천, B천을 각각 자루 모양으로 박는다.

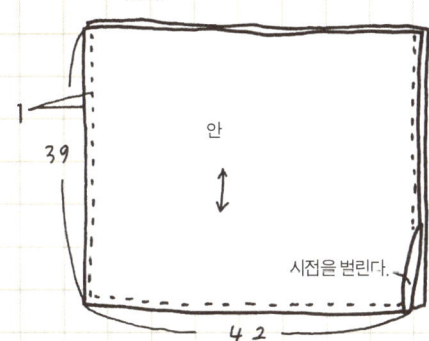

② 옆선 아래쪽을 박아 바닥 폭을 만든다.

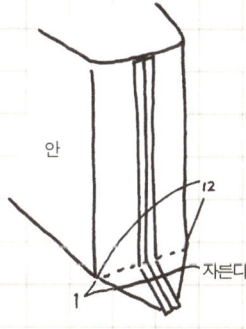

③ A천, B천의 입구를 접어 각각 다림질하고, A천 안쪽에 B천을 넣는다.

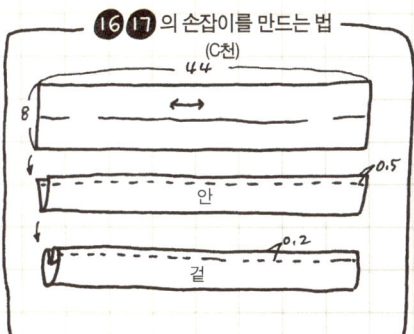  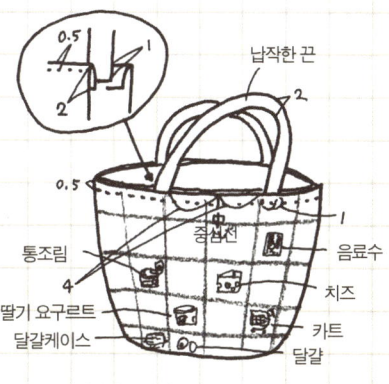

⑯⑰의 손잡이를 만드는 법 (C천)

④ 끈을 끼워서 입구를 박는다.
⑤ 스탬프를 찍고 다림질한다.

산책할 때 들기 좋은 * 가방

즐거운 산책을 연상하며 만든 소녀 느낌이 물씬 나는 가방이에요. 사랑스러운 분홍색에 푸들과 하트 스탬프를 찍어서 모양을 냈지요. 가방 입구에는 하얀 레이스도 달았어요. 도장 2개를 한쪽 면씩 나누어서 찍는 것도 재미있을 것 같아요.

만드는 재료

▶ 완성 크기 : 세로 30.7cm × 가로 40cm × 바닥 폭 12cm
▶ 재료
  A천(캔버스·민무늬·분홍색) 39cm × 42cm 2장
  B천(면·물방울·연한 분홍색) 39cm × 42cm 2장
  C천(캔버스·민무늬·분홍색) 8cm × 44cm 2장
  레이스(1.5cm 폭) 90cm
▶ 필요한 스탬프와 잉크
  푸들 .... 검은색
  하트 .... 빨간색
  하트(줄무늬) .... 분홍색
  하트(물방울) .... 진한 분홍색
  하트(두꺼운 테두리) ... 자주색
*잉크는 모두 'Fabrico' 사용.
*도안은 p.37 참조.

만드는 방법

①~③은 31쪽의 작품 **15** 만드는 방법 참조.

④ 입구에 레이스를 끼워서 박는다.

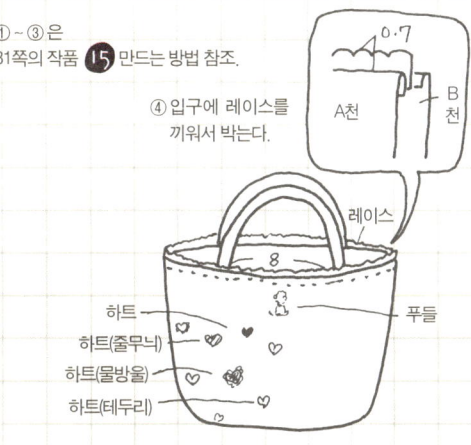

도시의 밤 풍경 * 가방

때로는 가방을 캔버스 삼아 그림을 그리기도 해요. 요즘은 도시의 밤 풍경이 그려진 이 가방이 마음에 들더라고요. 건물 모양의 스탬프를 만들어서 연결해 찍으면 돼요. 별은 불규칙적으로 꾹꾹 찍어주세요.

만드는 재료

▶완성 크기 : 세로 30cm×가로 40cm×바닥 폭 12cm
▶재료
A천(캔버스・민무늬・남색) 39cm×42cm 2장
B천(면・물방울・하늘색) 39cm×42cm 2장
C천(캔버스・민무늬・남색) 8cm×44cm 2장
▶필요한 스탬프와 잉크
거리 풍경 ………… 흰색
별A ………………… 흰색
별B ………………… 흰색
*잉크는 모두 'Fabrico' 사용.
*도안은 p.37 참조.

만드는 방법

① 먼저 천의 가장자리에서부터 스탬프를 찍고 다림질한다.

② 31쪽의 작품 15의 방법을 참조하여 만든다.

실물 크기 도안

딸기 요구르트

생선 통조림

구멍 숭숭 치즈

꿀꺽꿀꺽 음료수

달걀 1과 1/2

바퀴 돌돌 카트

달걀 케이스

버블버블 샤워용품

겨울 필수품 핸드 크림

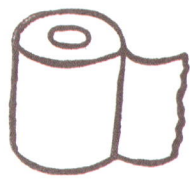

두루마리 화장지

상큼한 레모네이드

 하트 뿅뿅 종이 봉투

귀여운 푸들 안녕? 빨리요, 빨리! 싱그런 나무

달콤한 친구들 햄버거 맛있겠다 포도 송송

조용한 도시의 밤 풍경

A B

반짝반짝 별

재료 이야기

스탬프를 만들고 나면 여기저기에 막 찍고 싶어져요. 꼭 종이가 아니어도 다양한 소재에 찍을 수 있다는 것이 스탬프의 매력이지요. 열심히 만든 스탬프, 어떻게 활용하면 좋을까요? 여기저기에 콕콕 찍어서 나만의 물건을 만들어보면 어때요? 자주 사용하는 소재들을 소개할게요.

Fabric 천 이야기

흔히 스탬프라고 하면 종이에 찍는 걸 생각하지요? 그런데 옷감에도 찍을 수 있어요.
옷감용 잉크를 묻혀서 스탬프를 찍고, 다리미로 꾹 눌러 열처리를 하면 끝! 다림질을 한다는 것 말고는 종이에 찍는 것과 똑같아요. 옷감용 잉크만 있으면 만들 수 있는 작품의 폭도 아주 넓어져요. 적당한 천으로는 리넨이나 면, 리넨과 면의 혼방인 하프 리넨 등이 있고, 색깔은 너무 진하거나 요란한 것은 피하는 것이 좋아요. 천을 캔버스라고 생각하며 스탬프로 한 폭의 그림을 그려보세요. 이 도안을 어디에 찍을까 하고 즐거운 상상을 할 수 있을 거예요. 리넨과 면 중에서도 올이 가는 천은 잉크가 깨끗하게 찍혀서 좋아요. 올이 성긴 천은 스탬프의 밀착도가 떨어져서 선이 끊기기도 하고, 색이 고르지 않게 표현되기도 하거든요. 천이 두꺼우면 천의 탄력과 스탬프를 누를 때의 힘 때문에 잉크가 번지기도 해요. 조심해야 하죠. 천마다 느낌이 다를 수 있으니까 작품을 만들 때는 일단 다른 곳에 시험 삼아 찍어보세요. 몇 번 하다 보면 마음에 쏙 드는 천도 찾아낼 수 있어요. 아, 진한 색감의 천에 하얀색 잉크를 묻혀서 찍는 방법도 있어요. 같은 스탬프로 전혀 다른 분위기를 낼 수 있죠. 그래서 천을 고르는 일은 언제나 즐겁답니다. 저는 민무늬 천에 찍기를 좋아하는데, 작품을 만들 때 격자무늬나 작은 꽃무늬 천을 곁들이면 참 잘 어울려요. 키친 클로스처럼 시판되는 용품에 콕 찍으면 손쉽게 모양을 낼 수 있어서 아주 그만이지요. 도안과 잉크의 색, 그에 맞는 천을 고르는 일은 언제나 설레는 일이에요.

Wood 나무 이야기

스탬프를 "나무에도 찍을 수 있다고?" 하고 놀라는 분이 있을지도 모르겠네요.
그런데 나무 역시 종이와 마찬가지로 잉크의 밀착도가 높은 소재랍니다.
쉽게 구할 수 있는 소재로는 나무젓가락과 같은 식기류예요. 일회용 나무젓가락이나 그릇에 스탬프를 콩 찍어서 파티 때 내놓아도 좋고, 나무 단추나 나무로 된 컵받침에 콕콕 찍어도 멋스럽지요. 빛깔이 하얀 나무에는 아트닉(Artnic) 잉크가 좋지만, 내수성(耐水性)은 없는 편이에요. 칠을 한 나무에는 스테이즈온(Stazon)의 유성 잉크가 더 좋아요. 이것 역시 내수성이 완벽하지는 않아서 사용할 때 조금 주의해야 해요.

Paper 종이 이야기

스탬프 하면 역시 종이부터 떠오르지요? 저는 작은 스탬프를 편지지 한구석에 꾹 누르기도 하고, 민무늬 편지지 세트에 직접 만든 스탬프를 꾹꾹 찍어서 나만의 멋진 편지지 세트를 완성하기도 해요. 손만 몇 번 왔다 갔다 하면 정성과 멋이 담긴 독특한 편지 세트가 탄생하지요. 제가 즐겨 사용하는 종이는 색감이 은은한 일반 종이, 크래프트 페이퍼(kraft paper), 글라신 페이퍼(glassine paper), 트레이싱 페이퍼(tracing paper, 투사지라고도 해요) 등이에요. 갈색이나 검은색 잉크를 묻혀서 스탬프를 찍으면 고급스러워서 정말로 직접 만들었나 하는 생각이 들 정도예요. 종이용 잉크는 색이 참 다양해요. 색감도 미묘하게 달라서 골라 찍는 재미가 있죠. 때로는 생각보다 잘 어울리는 색을 발견하게 되어 놀라기도 해요. 스탬프 하나로 다양하게 연출할 수 있다는 것이 스탬프 찍기의 매력 아니겠어요? 소재와 잉크의 색을 무엇으로 선택하느냐에 따라 느낌이 정말 많이 달라져요.
왁스 페이퍼(wax paper)나 글라신 페이퍼에는 유성 잉크를 쓰세요.
스탬프를 만들었는데 어디에 찍을지 모르겠다면, 종이나 종이 제품에 콩콩 찍어보세요.

Tableware 그릇 이야기

새하얀 그릇도 멋지지만, 한군데만 살짝 스탬프를 찍어주면 세상에 딱 하나뿐인 나만의 그릇이 탄생해요.
생각만 해도 근사하지 않나요? 게다가 색을 채워넣고 유약을 발라서 가마에 굽는 그런 거창한 방법도 아니에요.
스펀지를 이용해서 도자기용 잉크를 스탬프에 발라 원하는 곳에 꾹 찍고, 가정용 오븐으로 굽기만 하면 돼요.
이렇게 손쉬운 방법으로 나만의 도자기 그릇이 탄생하는 거예요!
나만의 표식을 넣은 도자기 그릇을 만들었다면, 친구들을 불러서 작은 카페를 열어보는 것이 어떨까요?
아마 다들 재미있어 할 거예요.

Bottle 병 이야기

저는 귀여운 잼 용기나 보존 용기를 참 좋아해요. 그러다 보니 모아놓은 것들도 꽤 되지요.
귀엽다고 그냥 놔두는 것이 아니라, 어떤 식으로 사용하면 좋을까 하고 즐거운 상상을 펼쳐요. 또 그 상상 자체가 즐거움의
하나이기도 하지요. 잼이나 과자를 만들어서 누군가에게 선물할 수도 있고, 단추나 리본 등을 넣는 보관 용기로 사용할 수도
있어요.
늘어선 병에 원 포인트로 스탬프를 꾸욱······. 빨리 마르는 유성 잉크(StazOn)를 사용하면 병에도 스탬프를 찍을 수 있거든요.
무언가를 병에 넣어서 선물할 때 스탬프로 살짝 모양을 내면 병 자체가 훌륭한 포장용품으로 변신해요.
단추나 리본을 담아둘 때도 내용물에 맞게 스탬프를 찍어두면 그 스탬프의 무늬가 라벨 역할을 해요. 빈 병에 약간의 품을 들
여서 멋진 소품으로 활용해보세요.

Remake 기성품 이야기

재봉틀을 돌리고, 바느질을 하고, 거기에 그림도 그려넣고······. 생각만 해도 번거롭다고요?
시판되는 제품을 이용하면 어떨까요? 약간의 노력으로 나만의 독특한 소품을 만들 수 있거든요.
정말 쉬워서 누구든 손수 만들어 사용하는 기쁨을 누릴 수 있어요.
아무런 무늬가 없는 패브릭 소품이라든가, 늘 입는 평범하기 짝이 없는 캐미솔이라든가······.
주위를 둘러보세요. "여기에 장식을 조금 더하면 정말 예쁠 텐데······." 하는 물건이 많을 거예요.
그런 물건을 찾아내서 스탬프를 꾹 눌러보는 거예요. 개성 만점으로 변신한 그 물건이 볼수록 마음에 들 걸요?
처음부터 내 손으로 모든 걸 다 만들어내는 것도 좋지만, 일단은 기성품을 재창조하는 기쁨부터 누려보면 어떨까요?

Part 4

귀여운 바느질 소품

저는 천으로 작은 소품을 만들기를 좋아해요. 천을 보고 있노라면
아이디어가 마구 솟아 올라요. 천, 레이스, 단추…….
바느질 도구는 생각의 보물창고랍니다.
그래서인지 자투리 천도 허투루 버리지 않는답니다.
바느질 상자를 열면 마음에 쏙 드는 도구들이 가득하지요.
바느질 용품은 제게 아주 소중한 소품이랍니다.

가위 지킴이

막상 쓰려고 하면 행방불명되기 쉬운 작은 가위. 그런 가위에 지킴이(Keeper)를 달아두면 언제 어디서나 금방 찾을 수 있어요. 스탬프만 꾹 찍어줘도 예쁘지만, 수를 놓거나 레이스를 달아주는 등 조금만 더 품을 들이면 훨씬 근사한 작품으로 탄생하지요. 핀쿠션으로도 쓸 수 있어 편리해요.

만드는 재료

▶완성 크기 : 5cm×5cm(테이프와 리본은 제외)
▶재료

18 A천(마·민무늬·흰색) 6cm×6cm
B천(마·꽃무늬·흰색) 6cm×6cm
레이스(1cm 폭) 6cm
구불구불한 마 테이프(1cm 폭) 13cm
수예 솜

19 겉감(마·민무늬) 5.5cm×5.5cm 2장
리본(베이지색, 6mm 폭) 13cm
자수실(25번·2가닥·파란색)
수예 솜

▶필요한 스탬프와 잉크.
18 바구니 ················ 갈색
19 가위 ···················· 검은색
*잉크는 모두 'Fabrico' 사용.
*도안은 p.50 참조

만드는 방법

① 18의 A천에 레이스를 단다.
② 스탬프를 찍고 다림질한다.
③ 19에 수를 놓는다.

18
- 레이스
- 바구니
- A천(겉)

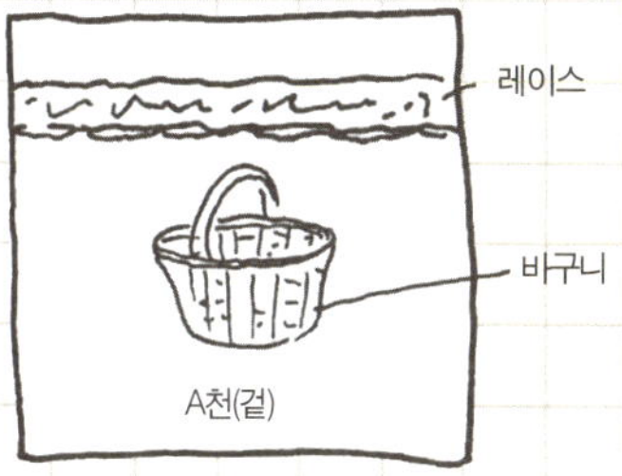

④ A천과 B천을 겹쳐 놓는다(19는 겉감 2장). 테이프(리본)를 끼운 다음 창구멍만 남기고 둘레를 박는다.

19
- 2 나온다.
- 1 들어간다.
- 수놓기 (러닝스티치-홈질)
- 가위

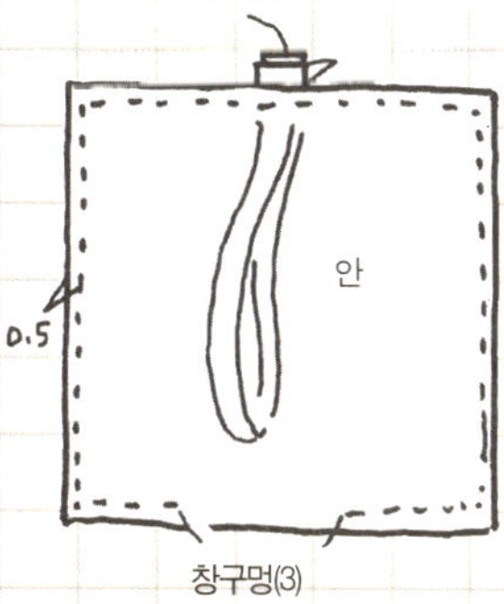

테이프
0.5
안
창구멍(3)

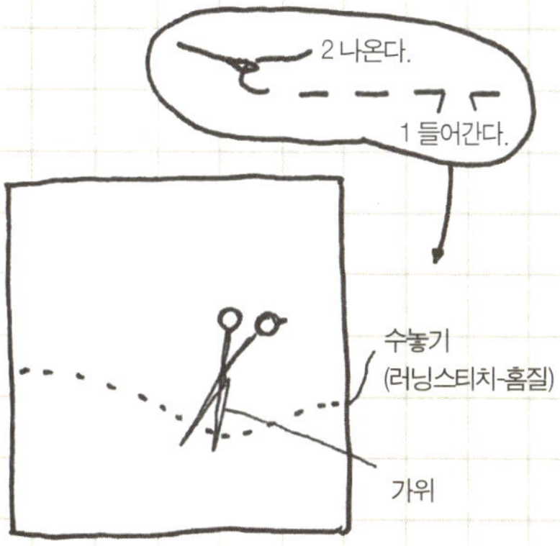

⑤ 창구멍으로 뒤집어 빼고, 수예 솜을 채우고 나서 공그른다.

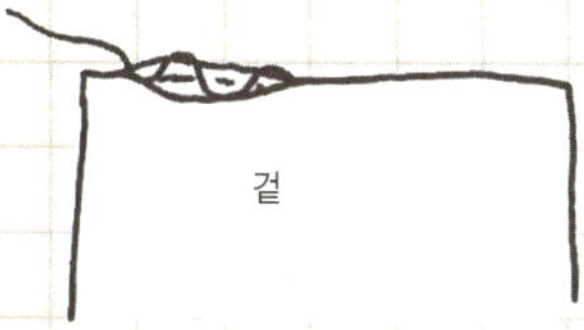

겉

핀 쿠션

몇 개를 가지고 있어도 자꾸만 탐이 나는 소품이 바로 핀 쿠션이에요. 잠깐 무언가를 만들고 싶을 때도 아주 좋은 아이템이고요. 격자무늬 리넨으로 만든 직사각형 핀 쿠션에는 클로버 스탬프를 불규칙적으로 찍고 군데군데 수도 놓았어요. 둥근 핀 쿠션에는 남실남실한 테이프를 둘렀고요. 불룩한 쿠션에 스탬프 하나를 꾹 찍어주었을 뿐인데도, 예쁘죠?

만드는 재료

▶완성 크기
- **20** 지름 6cm
- **21** 세로 5cm×가로 7cm

▶재료
- **20** 겉감(마·민무늬·상아색) 지름 6.5cm 2장
  구불구불한 테이프(갈색, 1cm 폭) 16cm
  수예 솜
- **21** 겉감(마·격자무늬·내추럴) 6cm×8cm 2장
  자수실(25번사·2가닥·연두색)
  수예 솜

▶필요한 스탬프와 잉크
- **20** 꽃 ················· 빨간색
- **21** 클로버 ·········· 초록색

*잉크는 모두 'Fabrico' 사용.
*도안은 p.50 참조.

만드는 방법

① 스탬프를 찍고 다림질한다.
② 겉감끼리 맞대고 둘레에 테이프를 끼운다.
  창구멍만 남기고 둘레를 박는다.

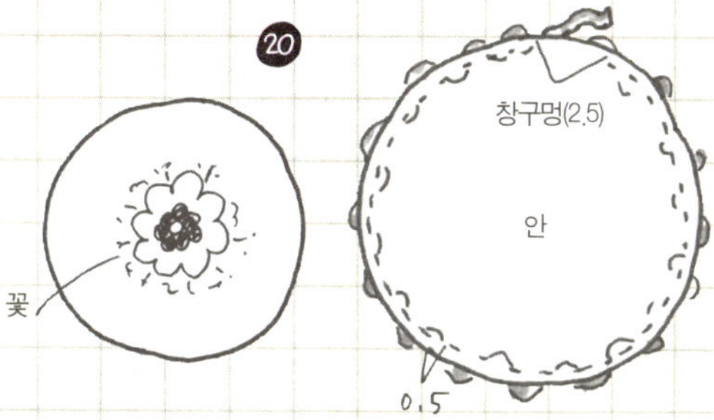

③ 창구멍으로 뒤집어 빼고,
  수예 솜을 넣고 나서
  창구멍을 공그른다.

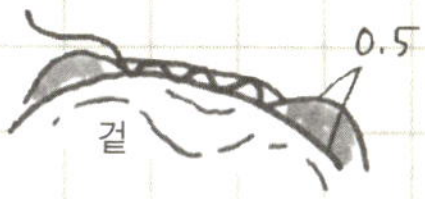

① 스탬프를 찍은 다음 다림질한다.
② 클로버 2개의 잎에 수를 놓는다.

① 나온다.
② 들어간다.
③ 나온다.
(스트레이트 스티치)

③ 겉끼리 겹쳐서 창구멍만 남기고
  둘레를 박는다.

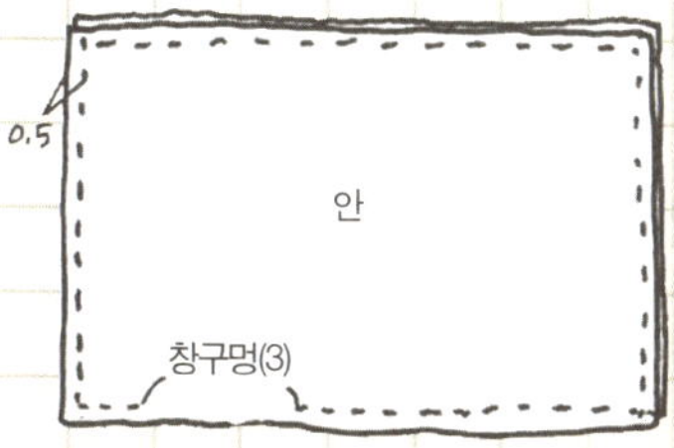

④ 창구멍으로 뒤집어 빼고,
  수예 솜을 넣고 나서
  창구멍을 공그른다.

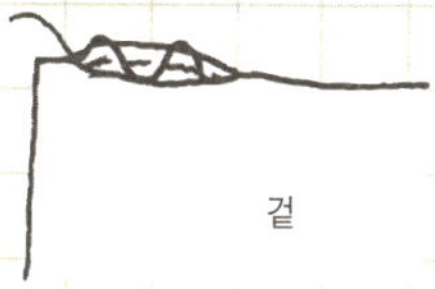

싸개 단추

아주 좋아해서 늘 모으는 아이템이 바로 단추예요. 헝겊으로 단추를 싸는 일도 좋아하지요. 헝겊의 색깔에 맞춰서 스탬프를 찍어도 되고, 그 반대로 해도 예뻐요. 자수나 레이스를 곁들일 때도 있답니다.

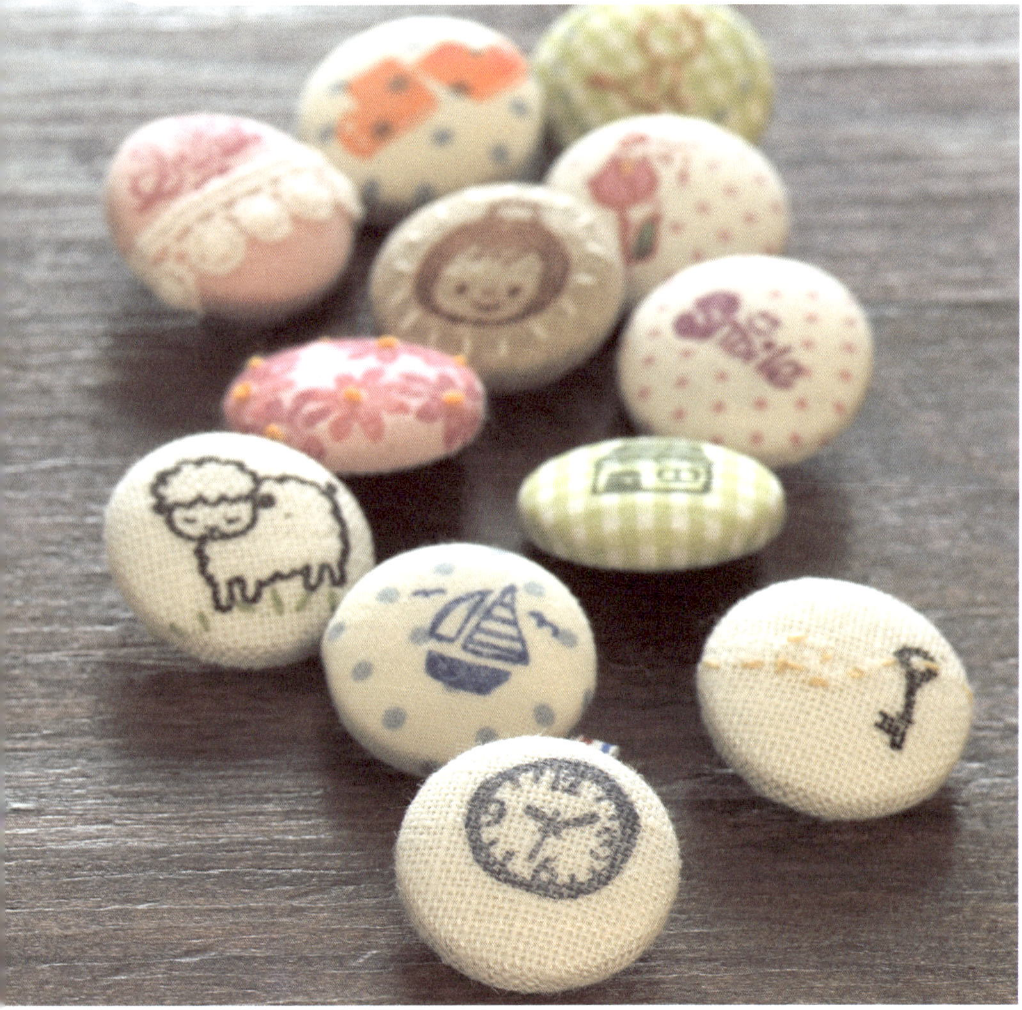

22

23

24

25

26

27

28

29

30

31
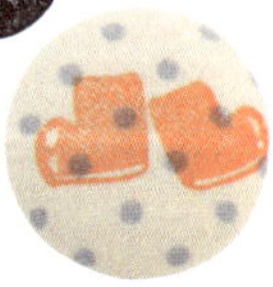

32
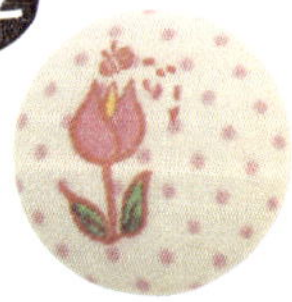

33

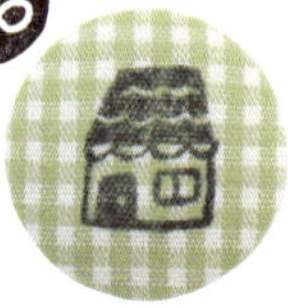

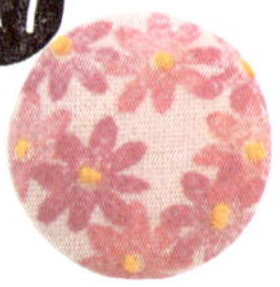

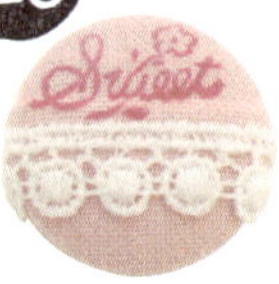

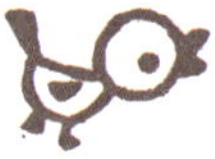

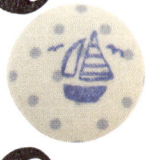

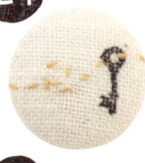

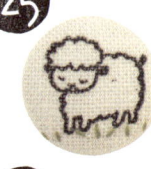

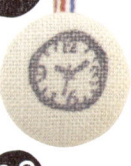

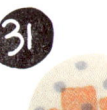

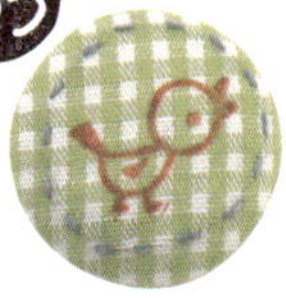

만드는 재료

▶완성 크기 : 모두 지름 2.3cm
▶재료

㉒ 겉감(마·민무늬·흰색) 지름 4.3cm
   리본(빨간색×흰색×파란색) 3mm 폭 4cm
㉓ 겉감(면·물방울·하늘색) 지름 4.3cm
㉔ 겉감(마·민무늬·흰색) 지름 4.3cm
   자수실(25번사·2가닥·노란색)
㉕ 겉감(마·민무늬·흰색) 지름 4.3cm
   자수실(25번사·2가닥·초록색)
㉖ 겉감(면·격자무늬·연두색) 지름 4.3cm
㉗ 겉감(면·민무늬·분홍색) 지름 4.3cm
   자수실(25번사·2가닥·노란색)
㉘ 겉감(면·민무늬·분홍색) 지름 4.3cm
   레이스(8mm 폭) 5cm
㉙ 겉감(마·민무늬·분홍색) 지름 4.3cm
   자수실(25번사·2가닥·흰색)
㉚ 겉감(면·물방울·분홍색) 지름 4.3cm
㉛ 겉감(면·물방울·하늘색) 지름 4.3cm
㉜ 겉감(면·물방울·분홍색) 지름 4.3cm
   천 전용 펜(분홍색·초록색·노란색)
㉝ 겉감(면·격자무늬·연두색) 지름 4.3cm
   자수실(25번사·2가닥·하늘색)

▶필요한 스탬프와 잉크

㉒ 시계 …………… 남색
㉓ 요트 …………… 파란색
㉔ 열쇠 …………… 검은색
㉕ 양 ……………… 검은색
㉖ 집 ……………… 초록색
㉗ 꽃 ……………… 분홍색과 진한 분홍색
㉘ Sweet ………… 진한 분홍색
㉙ 여자아이 ……… 갈색
㉚ Smile ………… 자주색
㉛ 장화 …………… 주황색
㉜ 튤립 …………… 진한 분홍색
㉝ 병아리 ………… 갈색

*잉크는 모두 'Fabrico' 사용.
*도안은 p.50~51 참조.

*24, 25, 27, 29, 33은 수를 놓는다.

만드는 방법

① 천을 자른다.

겉감의 크기
실물 크기
*두꺼운 종이로 본을 만든다.

② 스탬프를 찍고 다림질한다(수를 놓는 단추는 이 과정 이후에 수를 놓는다).

밀대
아랫단추
윗단추
천
싸개 단추 홀더

이 순서로 겹친다.

③ 홀더에 천과 윗단추를 밀대로 밀어 넣는다.

천
윗단추
홀더

④ 천의 중앙을 잘 맞춰놓고서 아랫단추를 밀대로 밀어 넣는다.

아랫단추

⑤ 홀더에서 단추를 꺼낸다.

㉜
패브릭 전용 펜으로 칠한다.

윗단추와 아랫단추 사이에 리본을 끼운다.

㉒ 시계

① 나온다.
② 들어간다.

㉔
러닝스티치(노란색)
열쇠

㉕ 양
스트레이트스티치(초록색)

 ㉗ 꽃
프렌치너트스티치(노란색)

 ㉘
본드로 천에 레이스를 단다.
레이스
sweet

 ㉙ 여자아이
스트레이트스티치(흰색)

 ㉝ 병아리
러닝스티치(하늘색)

나만의 태그(tag)

손수 만든 작품이나 아이를 위해 만들어준 물건에는 나만의 표시를 남기기도 해요. 만드는 방법도 정말 간단해요. 리넨이나 면으로 된 테이프에 좋아하는 모양의 스탬프를 콩콩 찍어놓고, 원하는 길이로 잘라서 쓰면 되거든요. 만들기도 재밌고, 소품에 모양을 낼 때 사용할 수도 있어요.

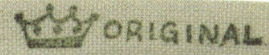

만드는 재료

▶재료
- ㉞ 면 테이프(베이지) 1.2cm 폭
- ㉟ 면 테이프 1.8cm 폭
- ㊱ 면 테이프(노란색) 1cm 폭
- ㊲ 면 테이프(연두색) 1cm 폭
- ㊳ 면 테이프(흰색) 1cm 폭

▶필요한 스탬프와 잉크
- ㉞ 나비 ············ 빨강
- ㉟ 옷핀 ············ 검은색과 하늘색
- ㊱ Hand made ····· 갈색
- ㊲ ORIGINAL······· 연두색
- ㊳ 리본 ············ 보라색과 하늘색, 빨간색

*잉크는 모두 'Fabrico' 사용.
*도안은 p.50~51 참조

만드는 방법

① 도장을 찍고 다림질한다.
② 적당한 길이로 잘라서 탭으로 사용한다.

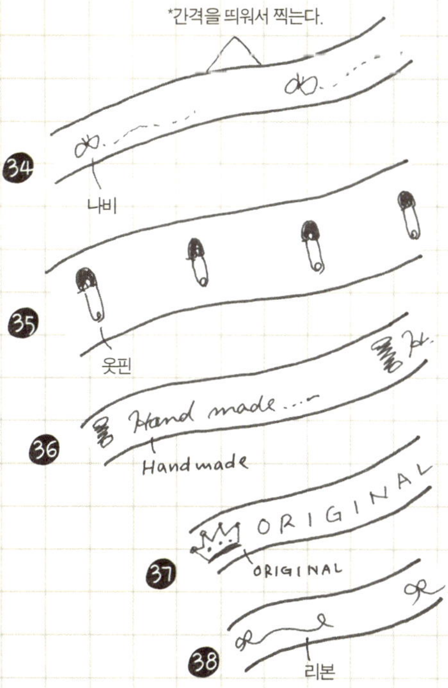

*간격을 띄워서 찍는다.

실물 크기 도안

빈티지 재봉틀

나만의 태그를 만들어 보세요

㉟

㉑

귀여운 바스켓

돌돌 실패

행복의 상징 클로버

⑲
소잉 필수품 가위

⑱

⑳
예쁜 꽃

꽃이 활짝　째깍째깍 시계　삐약삐약 병아리　흔들흔들 요트　땡땡이 우산

작은 집　　　　　　　　　　　　작은 나무

 미소 소녀
 작은 열쇠
 비가 와도 괜찮아

 예쁜 꽃

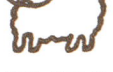 매에~ 작은 양
 작은 꽃
 도토리 형제
 감사의 마음

 도너츠

 책을 읽어요

 둥둥 열기구
 부웅 비행기
 작은 팬티
 작은 신발
 메~롱
 귀여운 잔

 연필
 여자아이
 남자아이
작은 병아리

토끼

 고양이

 꿀벌
 생쥐

Part 5
멋쟁이를 위한 수납품

전 모자와 가방을 정말 좋아해서 참 많이 가지고 있어요.
여름에는 여름 것들을, 겨울에는 겨울 것들을 꺼내놓고 쓰지요.
자주 사용하는 것들은 고리에 걸고, 계절에 어울리지 않는 것들은
알아보기 쉽도록 상자에 착착 담아놓는답니다.
아이가 쓰는 고리에는 아이에게 어울릴 만한 스탬프를 콕콕 찍어주세요!
정리하는 습관이 저절로 생긴답니다.

멋쟁이를 위한 벽걸이 고리

어쩐지 세월의 흔적이 느껴지는 이 벽걸이는 페인트를 칠한 판에 고리 장식만 달아서 만든 거예요. 작은 숫자를 스탬프로 만들어 깊이감이 느껴지는 잉크를 찍어 마무리했어요.

만드는 재료

▶재료
목재 세로 8.7cm×가로 60cm×폭 1.8cm
고리(못 첨부·검은색) 4개
고정 장치(못 첨부·은색) 2개
페인트(흰색) 적당량

▶필요한 스탬프와 잉크
1 ·················· 빨간색
2 ·················· 파란색
3 ·················· 빨간색
4 ·················· 파란색

*잉크는 'StazOn' 사용.
*도안은 p.57 참조.

만드는 방법

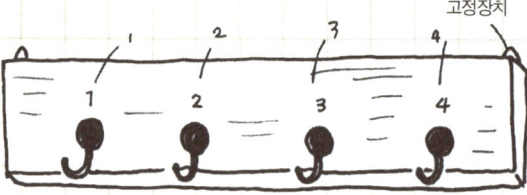

① 목재에 페인트를 칠한다.
② 고리를 달 위치를 표시하고, 송곳 등으로 구멍을 뚫는다.
   드라이버나 전동 드릴 등으로 나사를 박는다.
③ 고정 장치를 단다.
④ 스탬프를 찍는다.

아이를 위한 벽걸이 고리

아이를 위한 벽걸이는 연한 분홍색으로 칠했어요. 알아보기 쉽도록 토끼며 사슴이며 코끼리 등의 모양으로 스탬프를 만들어 찍어줬지요. 복고풍 스탬프는 어른도 좋아하는 귀여운 아이템입니다.

만드는 재료

▶재료
목재 세로 8.3cm×가로 45.5cm×폭 1.8cm
고리(못 첨부・흰색) 3개
고정 장치(못 첨부・은색) 2개
페인트(분홍색) 적당량

※ 이 책에서 사용한 목재는 폐자재였어요. 버려진 가구를 활용해도 좋아요.

▶필요한 스탬프와 잉크
코끼리 ………… 갈색
오리 ………… 갈색
사슴 ………… 갈색
토끼 ………… 갈색

*잉크는 'StazOn' 사용.
*도안은 p.57 참조.

만드는 방법

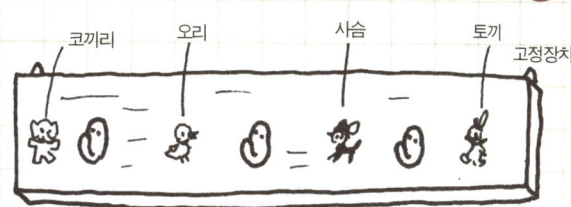

① 목재에 페인트를 칠한다.
② 고리를 달 위치를 표시하고, 송곳 등으로 구멍을 뚫는다.
 드라이버나 전동 드릴 등으로 나사를 박는다.
③ 고정 장치를 단다.
④ 스탬프를 찍는다.

라벨이 있는 수납 상자

계절 아이템을 수납할 때는 라벨을 붙여보세요. 아끼는 신발이나 가방을 넣은 상자에는 내용물을 닮은 스탬프를 콕! 알아보기도 쉽고, 보기에도 깔끔해서 좋아요. 좋아하는 것들이니까 다음 계절에 다시 꺼낼 때까지 소중하게, 예쁘게 잘 간직하자고요.

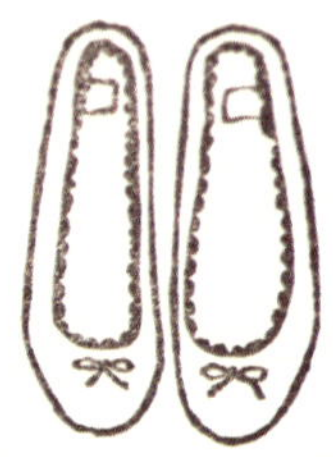

만드는 재료

▶재료
 신발 상자(진한 회색)
 세로 32.5cm×가로 20.5cm×높이 12cm
 색종이(상아색) 5.5cm×4cm
▶필요한 스탬프와 잉크
 신발 ………… 갈색
*잉크는 'artnic' 사용.

만드는 방법

① 색종이에 스탬프를 찍는다.

② 신발 상자에 붙인다.

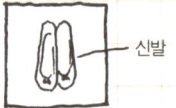

> 실물 크기 도안

숲 속 친구들

오리

토끼

코끼리

곰

사슴

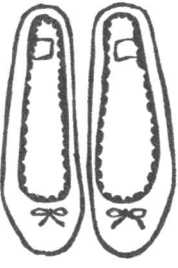
아끼는 신발

여름을 기다리며

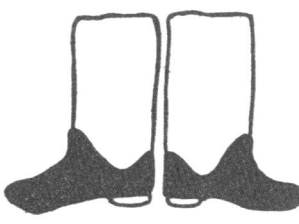
겨울이 오면

바구니

단추를 채울 수 있을까?

잊은 물건은 없을까?

쓸 수 있을까?

혼자서 입을 수 있을까?

친근하게

abcd

멋지게

ABCD

나란히 나란히!

1 2 3 4

송이송이 꽃들이 하나, 둘, 셋, 넷…

Part 6

하얀 블라우스와 꽃무늬

가장 즐겨 입는 옷을 꼽으라면, 역시 하얀 블라우스와 하얀 셔츠예요.
디자인이며 색감이 다르다는 이유로 어느새 옷장에 한가득이지요.
그런데 슬슬 안 입게 되는 옷도 생기더군요. 그런 셔츠와 블라우스를 꺼내서 리폼해보세요.
금세 애착이 가는 아이템으로 변신할 거예요. 하얀 셔츠는 하얀 캔버스천이랍니다.
마음에 드는 도안을 골라서 자유롭게 디자인해보세요.
날마다 입고 싶은 예쁜 옷이 많다면 참 좋겠지요?

심플 블라우스

깨끗하고 하얀 블라우스에 변화를 좀 주었어요. 원 포인트로 작은 장미 스탬프를 살짝 눌러주었지요.
한쪽 소매에 장미 봉오리 하나. 꾸미지 않은 듯한 멋스러움을 즐겨보세요.

만드는 재료

▶ 재료
  헨리 네크라인(henley neckline) 셔츠(면·흰색)
▶ 필요한 스탬프와 잉크
  장미A ········· 남색
  장미B ········· 남색
*잉크는 모두 'Fabrico' 사용.
*도안은 p.61 참조

만드는 방법

① 스탬프를 찍는다.
② 다림질한다.

장미A
장미B

여자아이 캐미솔

아무런 무늬가 없는 하얀 캐미솔에 스탬프를 찍었어요. 초록색 클로버와 빨간색 클로버 꽃이 어우러져 청초하게 느껴집니다. 가슴팍에 레이스가 달린 캐미솔에는 역시 꽃무늬가 제격이겠죠?

㊸

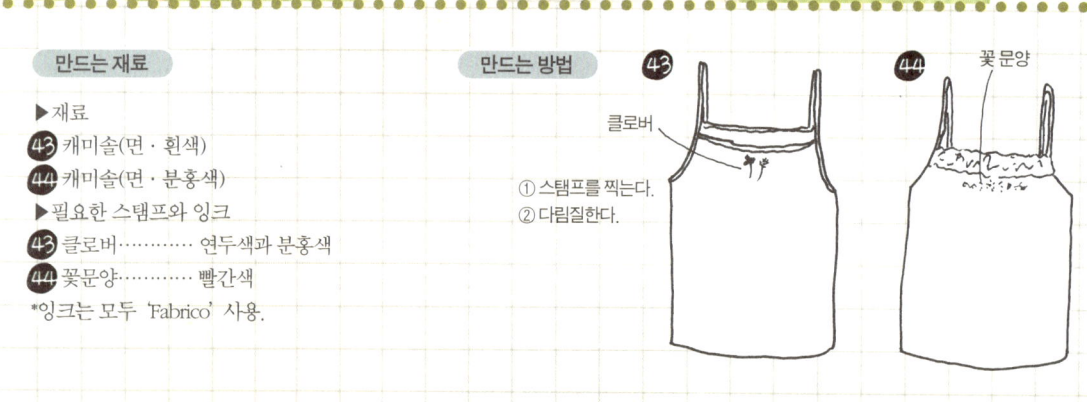

만드는 재료

▶재료
㊸ 캐미솔(면·흰색)
㊹ 캐미솔(면·분홍색)
▶필요한 스탬프와 잉크
㊸ 클로버………… 연두색과 분홍색
㊹ 꽃문양………… 빨간색
*잉크는 모두 'Fabrico' 사용.

만드는 방법

㊸ 클로버
① 스탬프를 찍는다.
② 다림질한다.

㊹ 꽃 문양

44

실물 크기 도안

꽃봉오리

흔들흔들 방울꽃

가지각색

호젓하게

탐스러운 장미

꽃장식

도안 이야기

도안을 생각할 때 가장 참고가 되는 것이 바로 집안 물건들이에요. 제 안테나에 딱 걸린 갖가지 물건들이 집안에 그득하거든요. 그 사실 하나만으로도 집안이 편안하고 예쁘게 느껴진답니다.
"이렇게 예쁜 물건들을 자그마한 스탬프에 담아서 더 깜찍한 작품을 만들어 봐야지……."
그런 마음으로 도안을 생각해요. 제 도안에 영감을 준, 제 주변의 귀염둥이들을 소개합니다.

예쁜 포장에 끌려서 저도 모르게 사게 된 과자와 식품들이에요. 특히나 예스러운 포장은 정말 눈을 뗄 수가 없어요. 포장에 쓰인 문자며 색깔이며 문양들. 작은 세계에 응축된 디자인이 그렇게 매력적일 수 없답니다. 저절로 손이 가도록, 시선을 잡아끌도록 디자인된 포장들은 생각해보면 아주 계산된 세계지요. 저희 집에는 순전히 '장식'을 위해서 사온 제품도 많아요. 작으면서도 그 자체로 완벽한 포장 용기들은 스탬프 제작과 상통하는 면이 있답니다.

요리나 홈 베이킹을 잘하는 주부도 아니건만, 주방용품만 보면 자꾸만 손이 가네요. 젤리 틀이나 쿠키 틀은 보기만 해도 가슴이 콩닥거려요.
어느새 수집품 수준으로 늘어난 머그잔이며 커트러리도 스탬프와 참 잘 어울려요. 그런 용품들이 좋아서 사는 건지, 스탬프를 찍어보고 싶어서 사는 건지……. 지금은 구분이 되지 않을 정도예요.

저희 집에는 바구니도 많아요. 크기도, 모양도 참 다양해요. 안에 물건을 넣어서 수납용으로 쓰는 바구니도 있고, 외출할 때 잘 어울리는 장바구니, 안에 아무것도 넣지 않고 그냥 놓아두기만 해도 뿌듯한 바구니 등 쓰임도 제각각이에요. 그 소박한 분위기와 모양, 부담스럽지 않은 가격이 자꾸 손이 가는 이유 중의 하나이기도 하고요. 바구니 도안을 그릴 때는 그 엮인 모습을 잘 살려내는 것이 중요해요. 골 하나하나를 조각하고 있노라면 정말로 바구니를 짜는 듯한 기분도 들고요. 잡념이 사라지면서 평온해지거든요.

전 요즘 오래된 그림책을 조금씩 모아요. 아이들이나 동물이 실린 그림책이 그렇게 좋을 수가 없거든요. 낡아서 바랜 느낌이며 옛날에 쓰던 잉크의 색이 어쩌나 예쁜지, 보기만 해도 마음이 설레요. 세심하게 표현된 그림이며 시대를 반영하는 잡화를 보고 있노라면 어느 시대의 것인지 궁금해지기도 하고요. 또 그림책을 보다 보면 어느 시대이든 아이들에게 주고 싶고 전하고 싶은 내용은 변함이 없구나, 하는 생각이 들어요. 저 역시 수많은 사람에게 친근감을 주는 그림을 그리고 싶답니다.

 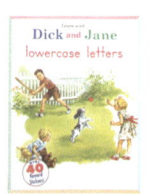 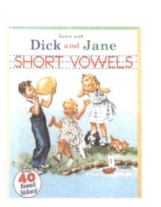 

아이들을 위한 장난감은 색이나 크기가 한결같이 귀엽기만 해요. 아이가 생기고 나서부터는 집안에 유아용품이 계속 늘어나고 있어요. 어른한테 쓰기에는 조금 난감한 파스텔 색감도 유아용품에는 어쩌나 잘 어울리는지, 놀랄 때가 많아요. 아이뿐만 아니라 어른도 같이 좋아할 만한 장난감을 만들어 보고 싶다는 생각도 자주 들어요. 외국의 유아 장난감이나 옛날 장난감의 화려하면서도 감각적인 색 배합은 작품을 만들 때 참고가 된답니다.

소품을 만들 때 절대로 빼놓을 수 없는 것 중의 하나가 바로 바느질 도구예요. 바느질 도구에는 실용적인 것과 보고 있기만 해도 즐거운 것, 이렇게 두 가지가 있어요. 실용적이면서도 디자인이 뛰어나다면 참 좋겠지만, 그런 도구를 만나기란 쉬운 일이 아니죠. 바느질함 속에 보기만 해도 기분이 좋은 도구들이 가득하면, 당장에라도 바느질을 하고 싶다는 의욕이 마구 샘솟아요. 예쁜 단추며 색색의 실들이 특히 그렇지요. '언젠가는 쓸모가 있을 거야.' 하고 사 모은 도구들이 실제로 빛을 보는 일은 참 드물지만, 뭐 어때요? 그냥 그렇게 바라보면서 흐뭇해하기만 해도 괜찮지 않을까요?

화려한 꽃들이 늘 집안에 있다고는 못하겠지만, 꽃을 가까이하려고 노력하기는 해요. 살아 있는 식물이 곁에 있으면 저절로 관심이 쏠리기 마련이지요. 만들어낸 물건에서는 찾아볼 수 없는 자연의 색깔과 모양은 정말 아름다워요. 보기만 해도 치유되는 느낌이랄까? 꽃은 어떤 물건과도 잘 어울리는 도안이에요. 길가에 핀 클로버며 전원에 핀 꽃을 보면서 도안을 그려보면 어때요? 잎이 이렇게 달랐구나 하고 새로운 발견을 할지도 모르잖아요?

자주 그리는 도안 중에 과일을 빼놓으면 섭섭하지요. 계절을 느끼게 해주는 과일은 일상생활에도 아주 잘 어울리는 도안이에요. 계절에 맞게 갈아주는 패브릭이나 주방용품에는 과일만큼 좋은 도안이 없어요. 과일도 꽃과 같아서, 자연물 특유의 색감과 모양이 있죠. 보기만 해도 무엇인지 알 수 있어서 도장 도안으로는 그만이에요. 저는 집으로 가는 길에 항상 무엇을 만들까 하고 즐거운 상상을 한답니다.

Part 7

상쾌한 하루를 만드는 식탁용 매트

카페오레와 토스트. 늘 먹는 아침 메뉴랍니다.
토스트에는 잼이나 꿀을 바르지요.
달걀이나 샐러드를 곁들일 때도 있어요.
아이한테는 기운을 북돋아주기 위해 밥을 차려주기도 하고요.
언제나 분주한 아침이지만, 아침밥만큼은 꼭 챙겨 먹고 싶어요.
아침은 하루의 시작이잖아요.

기분 좋은 아침을 위한 식탁 매트

하루의 시작은 빨간 체크무늬 리넨으로 만든 식탁용 매트로 기운을 북돋아주세요. 예쁜 스탬프를 꾹 찍고 싶어지는 민무늬 리넨 조각을 불규칙적으로 배열했답니다. 커트러리를 넣을 수 있는 주머니를 달아서 실용성도 높였어요.

45

만드는 재료

▶완성 크기 : 30cm×42cm
▶재료
 A천(면·체크무늬·빨간색) 31cm×43cm
 B천(하프 리넨·민무늬·내추럴) 31cm×43cm
 C천(마·민무늬·내추럴) 30cm×30cm
 면 테이프(표백하지 않은 것, 1.5cm 폭) 7cm
▶필요한 스탬프와 잉크
 컵 ················· 하늘색
 벌꿀 병 ············ 갈색
 컵케이크 ·········· 적갈색
 여자아이와 고양이 ··· 남색
 요구르트 ··········· 남색
 커트러리 ··········· 연두색
 Break Fast ········ 갈색
*잉크는 모두 'Fabrico' 사용.
*도안은 p.72 참조.

만드는 방법

① C천에 스탬프를 찍고 다림질한다.
② C천의 가장자리를 뒤쪽으로 접어서 A천에 보기 좋게 배치하여 박아준다.

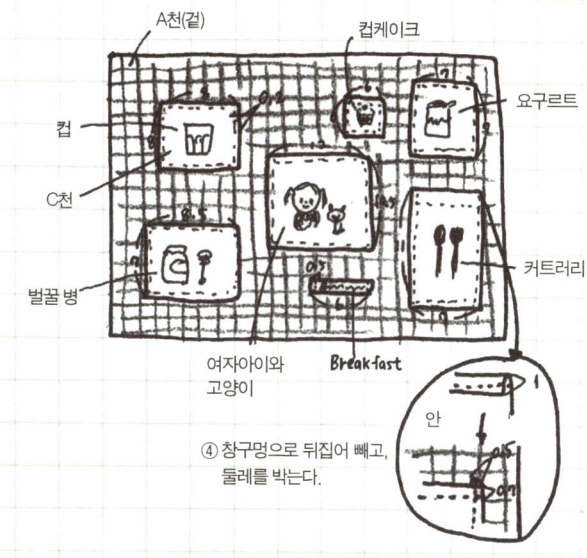

④ 창구멍으로 뒤집어 빼고, 둘레를 박는다.

③ A천과 B천을 겉끼리 맞대어 창구멍만 남기고 둘레를 박는다.

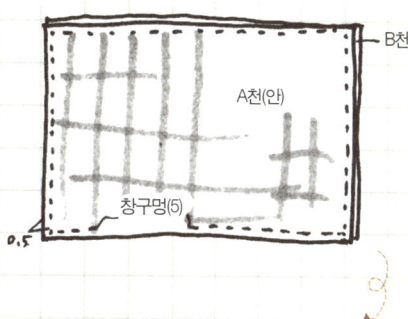

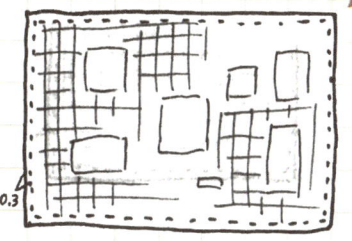

어린이 식탁 매트

어렸을 때부터 밥 먹는 즐거움을 느끼게 해주고 싶어서 식탁용 매트도 아이 전용으로 만들었어요. 크기는 어른용보다 조금 작아요. 마음에 쏙 드는 식탁 매트가 있으면 제자리에 앉아서 밥을 잘 먹게 되지 않을까요?

만드는 재료

▶ 완성 크기 : 22cm × 33.5cm
▶ 재료
  A천(면·무명·베이지색) 23cm × 34.5cm
  B천(면·민무늬·흰색) 23cm × 34.5cm
▶ 필요한 스탬프와 잉크
  Yummy ············ 갈색
  물방울 ············· 하늘색
  커트러리 ·········· 하늘색
*잉크는 모두 'Fabrico' 사용.
*도안은 p.72 참조.

만드는 방법

① A천과 B천에 스탬프를 찍고 다림질한다.
② A천과 B천을 겉끼리 맞대어 창구멍만 남기고 둘레를 박는다.
③ 창구멍으로 뒤집어 빼고, 창구멍을 공그른다.

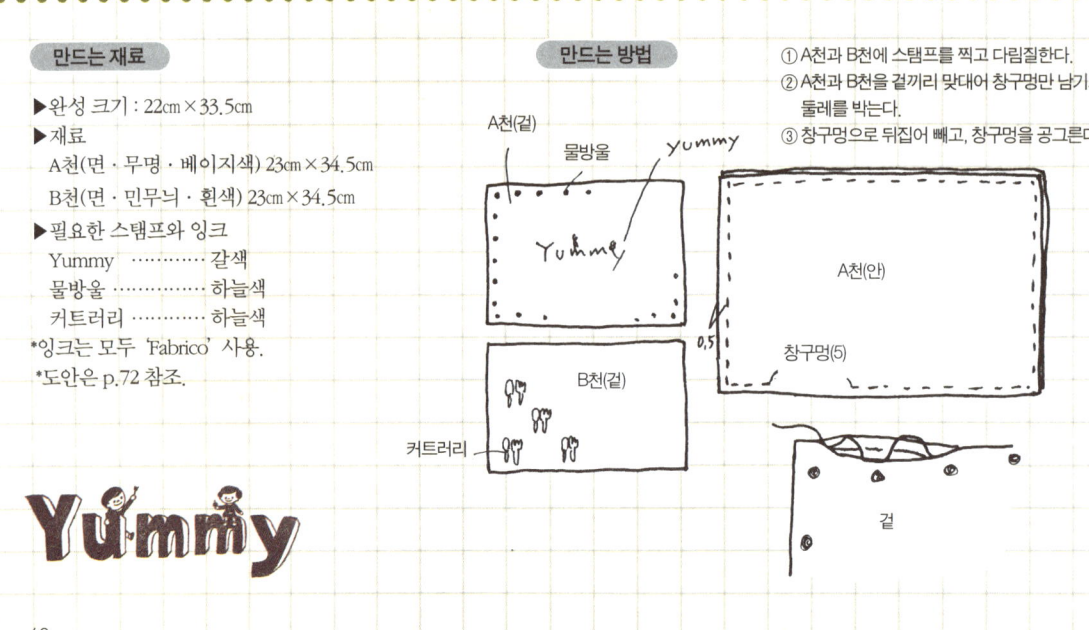

47

Dinner
Lunch

뒷면

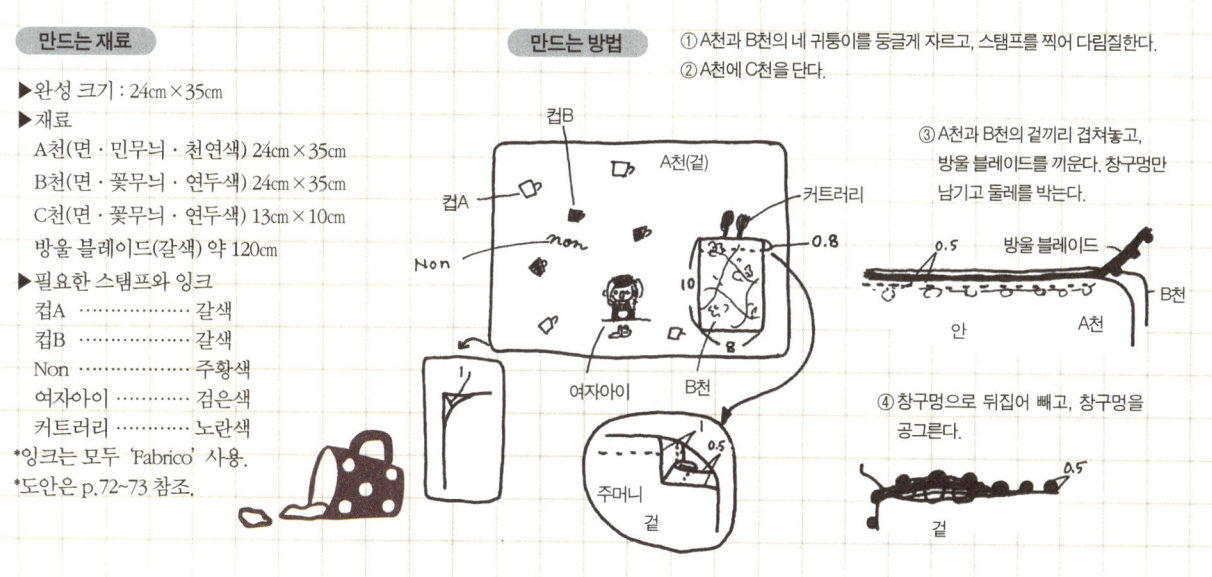

만드는 재료

▶완성 크기 : 24cm×35cm
▶재료
A천(면·민무늬·천연색) 24cm×35cm
B천(면·꽃무늬·연두색) 24cm×35cm
C천(면·꽃무늬·연두색) 13cm×10cm
방울 블레이드(갈색) 약 120cm
▶필요한 스탬프와 잉크
컵A ················ 갈색
컵B ················ 갈색
Non ················ 주황색
여자아이 ·········· 검은색
커트러리 ·········· 노란색
*잉크는 모두 'Fabrico' 사용.
*도안은 p.72~73 참조.

만드는 방법

① A천과 B천의 네 귀퉁이를 둥글게 자르고, 스탬프를 찍어 다림질한다.
② A천에 C천을 단다.

③ A천과 B천의 겉끼리 겹쳐놓고, 방울 블레이드를 끼운다. 창구멍만 남기고 둘레를 박는다.

④ 창구멍으로 뒤집어 빼고, 창구멍을 공그른다.

느긋한 점심을 위한 매트

쉬는 날에는 느긋하게 먹는 걸 즐기고 싶어져요. '휴일 전용' 식탁 매트가 있다면 어쩐지 특별한 기분이 들어서 밥이 더 맛있을 것 같아요. 하얀 매트에 장식 문자와 레이스 문양을 찍어서 우아한 분위기를 내보았어요. 모서리마다 방울이 달린 하늘색 식탁 매트에는 백조 가족을 콩콩 찍었답니다. 뒤돌아보는 한 녀석이 정말 귀엽네요.

뒷면

만드는 재료

▶완성 크기 : 28.5cm×42.5cm
▶재료
㊽ A천(마·민무늬·흰색) 29.5cm×43.5cm
　 B천(면·민무늬·흰색×연두색)
　 29.5cm×43.5cm
㊾ A천(면마·민무늬·하늘색) 29.5cm×43.5cm
　 B천(면·꽃무늬·파란색×노란색)
　 29.5cm×43.5cm
　 레이스(1.5cm 폭) 45cm
　 방울 블레이드(하늘색) 방울 4개분
▶필요한 스탬프와 잉크
㊽ 레이스　　　　빨간색
　 Sunday Brunch　빨간색
㊾ 백조　　　　　검은색
　 아기 백조A　　검은색
　 아기 백조B　　검은색
*잉크는 모두 'Fabrico' 사용.
*도안은 p.72~73 참조.

만드는 방법

a *48과 49는 만드는 방법이 똑같아요.

①A천에 스탬프를 찍고 다림질한다.

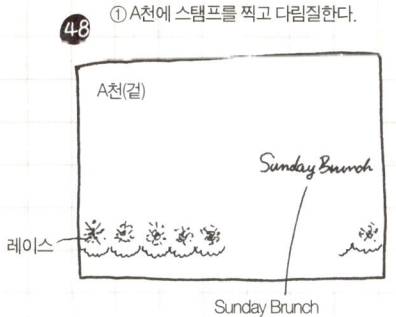

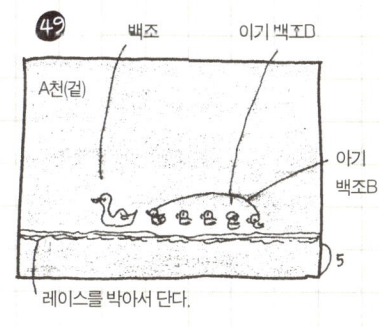

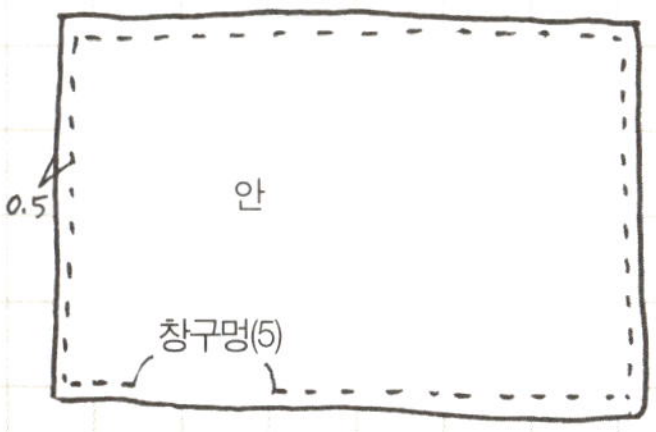

②A천, B천을 겉끼리 맞대어 창구멍만 남기고 둘레를 박는다.
③창구멍으로 뒤집어 빼서 ㊽은 둘레를 박고,
㊾는 창구멍을 공그른다.

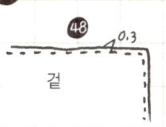

④㊾의 네 귀퉁이에 블레이드의
　방울을 하나씩 단다.

실물 크기 도안

언제나 둘이 "잘 먹겠습니다!"

평소 쓰는 유리잔

진득하고 달콤한 벌꿀

Break Fast

바게트가 좋아

요구르트가 좋아

컵케이크가 좋아

마구 찍자, 점, 점, 점!

㊺

㊽

Sunday Brunch

일요일 아침은 조금 우아하게

기운 나는 밥

Dinner   Lunch

스푼과 포크

㊻

⑰

우아한 백조 가족

B   A

어머! 쏟았어요!

㊾

B   A

non

삼각 우유

달콤 사탕

집배원
아저씨

따끈따끈 식빵

디저트는 아이스크림

경찰관 아저씨

소방관 아저씨

Part 8

나만의 여유 시간, 찻잔 받침

아이가 잠들고 나면 느긋하게 커피를 마시기도 하고,
작업용 책상에 마실 것을 가져가기도 합니다.
책상 위의 종이나 천이 젖으면 안 되니까, 늘 찻잔 받침을 깔아요.
오늘은 어떤 잔과 어떤 받침을 사용할까 하고 선택의 즐거움을 누리기도 하고요.
조금이라도 짬을 내서 느긋한 시간을 보내는 것이
하루를 즐겁게 보내는 비결이랍니다.

베이직 찻잔 받침

리넨과 날염한 천을 배합해서 만든 찻잔 받침. 때에 따라서 받침을 바꾸면 기분까지 즐거워져요. 받침에 찍은 문양은 하루의 한 때를 연상해서 만든 것이에요. 아침, 점심 간식, 저녁용으로 구분해서 사용해 보세요. 날염한 천의 색깔과 어울리는 잉크의 색을 정해보세요.

50 아침용
51 점심용
52 간식용
53 저녁용

만드는 재료

▶재료

50 A천(하프 리넨·민무늬·내추럴) 10cm×10cm 2장
B천(면·물방울·빨간색) 5cm×10cm

51 A천(하프 리넨·민무늬·내추럴) 10cm×10cm 2장
B천(면·줄무늬·연두색) 6.5cm×9.5cm

52 A천(하프 리넨·민무늬·내추럴) 10cm×10cm 2장
B천(면·물방울·주황색) 6.5cm×4cm

53 A천(하프 리넨·민무늬·내추럴) 10cm×10cm 2장
B천(면·격자무늬·노란색) 3.5cm×10cm

▶필요한 스탬프와 잉크

50 컵 ············ 빨간색
   milk ············ 남색

51 병 ············ 초록색
   water ············ 주황색

52 쿠키 ············ 갈색
   Cookie ············ 파란색

53 냄비 ············ 갈색
   soup ············ 남색

*잉크는 모두 'Fabrico' 사용.

만드는 방법

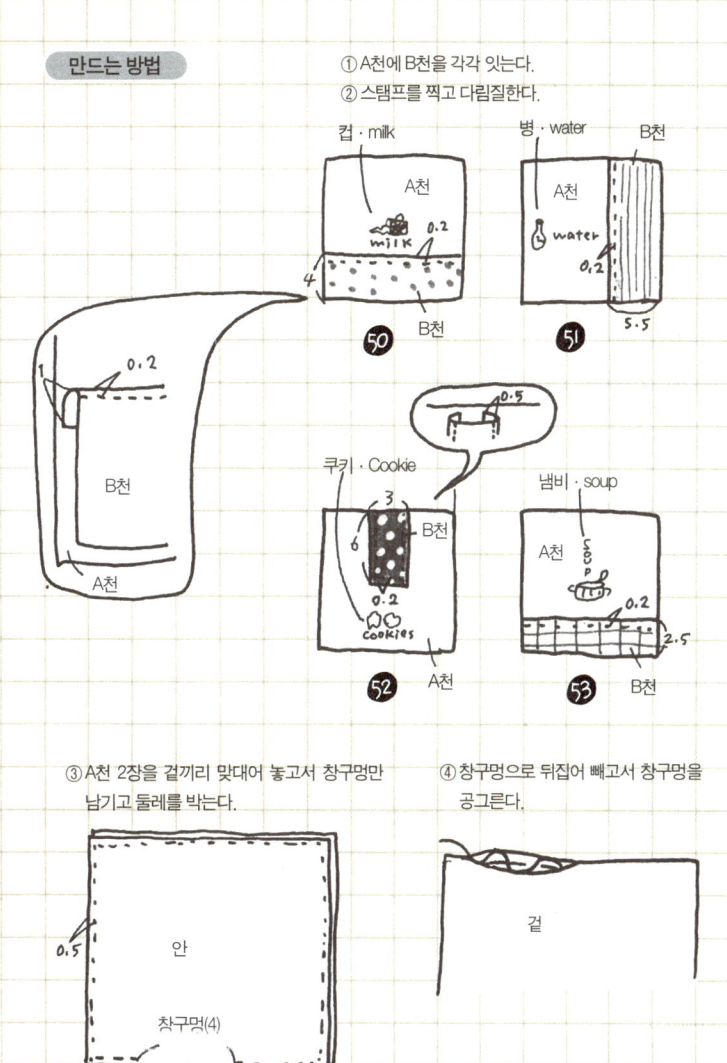

실물 크기 도안

milk

꿀꺽꿀꺽 우유

water

상쾌하게 물 한잔

Cookie

쿠키 바삭바삭

Soup

따끈따끈 스프

아플리케 찻잔 받침

네모나게 자른 민무늬 리넨에 스탬프를 찍은 후에 날염한 천으로 만든 찻잔 받침에 숭숭 꿰매어 아플리케했어요. 도안은 77쪽의 베이직 찻잔 받침과 똑같지만, 프랑스어 문자를 넣어 색다른 느낌을 주었어요.

> **실물 크기 도안**

lait

eau minérale

gâteau

만드는 재료

▶완성 크기 : 9cm×9cm
▶재료
〈공통〉
자수실(25번사 · 2가닥 · 54와 56은 갈색,
55와 57은 연두색)

54 A천(면 · 물방울 · 분홍색) 10cm×10cm
B천(마 · 민무늬 · 흰색) 10cm×10cm
C천(면 · 민무늬 · 흰색) 4.5cm×7cm

55 A천(면 · 물방울 · 하늘색) 10cm×10cm
B천(마 · 민무늬 · 흰색) 10cm×10cm
C천(면 · 민무늬 · 흰색) 4.5cm×7cm

56 A천(면 · 격자무늬 · 갈색) 10cm×10cm
B천(마 · 민무늬 · 흰색) 10cm×10cm
C천(면 · 민무늬 · 흰색) 4.5cm×7cm

57 A천(면 · 격자무늬 · 파란색) 10cm×10cm
B천(마 · 민무늬 · 흰색) 10cm×10cm
C천(면 · 민무늬 · 흰색) 4.5cm×7cm

▶필요한 스탬프와 잉크
54 컵 ············ 분홍색
　　lait ············ 검은색
55 병 ············ 초록색
　　eau minérale ··· 검은색
56 쿠키 ·········· 갈색
　　gâteau ········· 검은색
57 냄비 ·········· 갈색
　　potage ········· 검은색
*잉크는 모두 'Fabrico' 사용.

만드는 방법
*54, 55, 56, 57 모두 동일.

① C천에 스탬프를 찍고 다림질한다.
② A천에 C천을 자수실로 손바느질하여 단다.

③ A천과 B천을 겉끼리 맞대어 놓고서 창구멍만 남기고 둘레를 박는다.

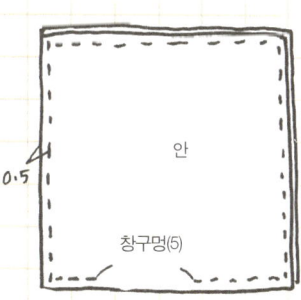

④ 창구멍으로 뒤집어 빼고서 창구멍을 공그른다.

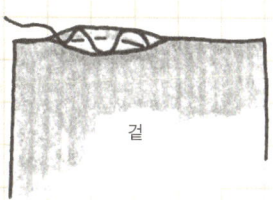

Part 9

장식과 수납용으로도 효과만점, 유리병

귀여운 병에 담긴 잼이나 각종 조미료.
사실은 내용물보다도 병이 탐이 나서 사기도 해요.
물론 맛까지 좋으면 만세!
먹어도 먹어도 줄지 않아서, "아, 빨리 비었으면." 하고
바랄 때도 있지만요. 그냥 버릴까 싶은 병도 가만히
뜯어보면 은근히 귀여운 구석이 있지 뭐예요?
아주 오래전부터 모아온 단추를 넣어둔 병은 본래 커피 병이었어요.
깨끗한 병에 스탬프를 찍으면 정말 귀엽게 변신하기 때문에
소중한 것들을 차곡차곡 담아놓고 싶어진답니다.

꽃병

갸름한 병은 작은 화초를 넣어두기에 안성맞춤이에요. 하나만 있어도 예쁘지만, 몇 개를 나란히 두어도 참 근사해요. 같은 스탬프라도 천이나 종이에 찍을 때와는 좀 다른 느낌이 나요. 꽂아둔 화초가 빛날 수 있게 잉크는 은은한 색으로 골라보세요. 병에는 유성 잉크를 사용해야 하는데, 내수성이 좀 약한 편이니까 쓱쓱 문지르지 않도록 조심하세요.

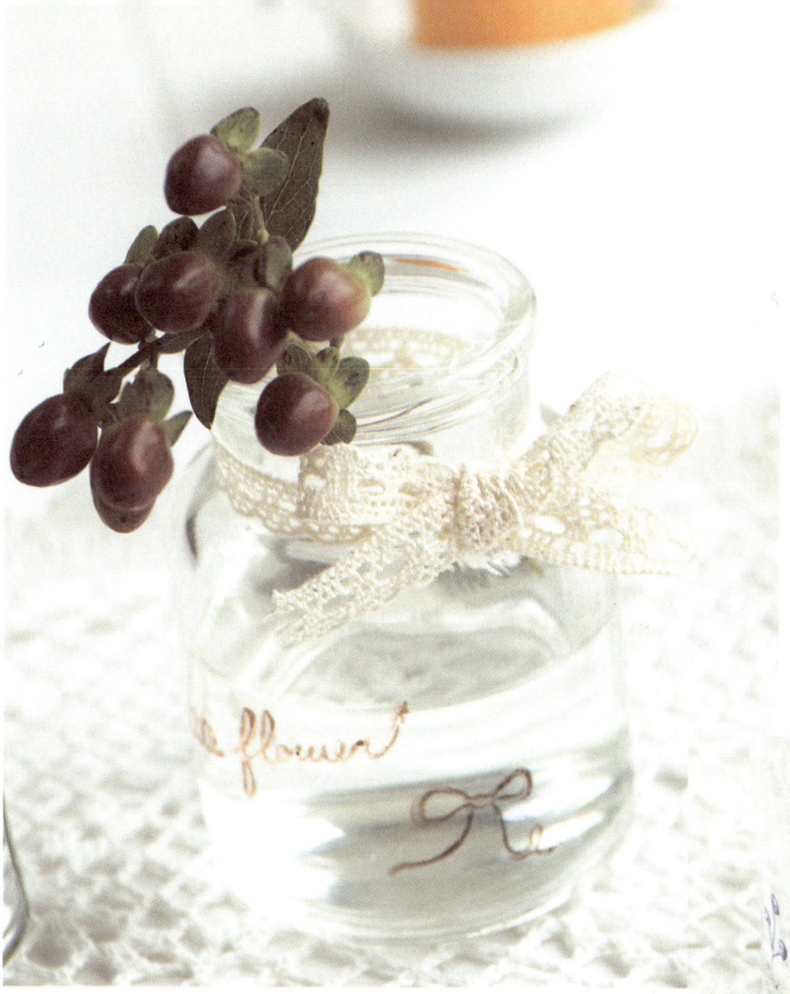

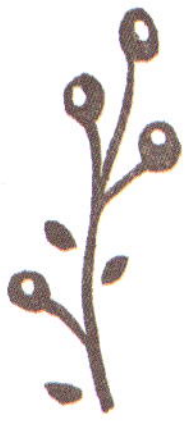

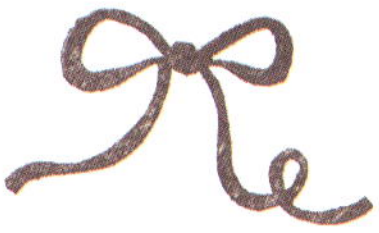

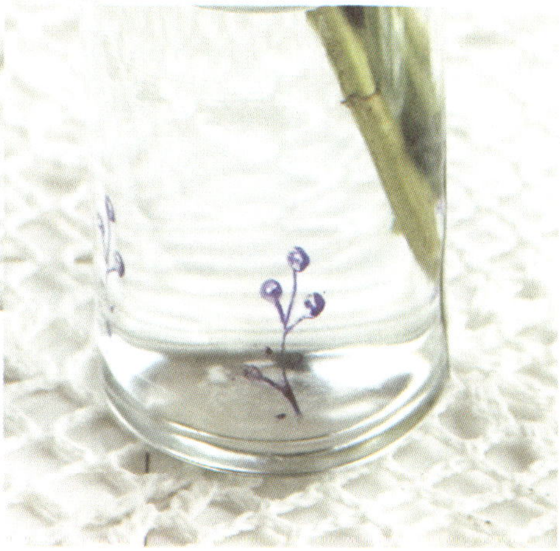

만드는 재료

▶재료
- ⑤⑧ 병(유리・투명・손잡이 달림)
  높이 14cm×바닥 지름 4.7cm
- ⑤⑨ 병(유리・투명) 높이 8.6cm×바닥 지름 6.4cm
  레이스(1cm 폭) 40cm

▶필요한 스탬프와 잉크
- ⑤⑧ 꽃 ············ 자주색
- ⑤⑨ petite flower ······ 갈색
  리본 ············ 갈색

*잉크는 모두 'StazOn' 사용.
*도안은 p.86 참조.

만드는 방법

① 스탬프를 찍는다.
② 59번은 레이스를 묶는다.

선물 용기

맛있는 과자가 있을 때는 친구들에게도 조금씩 맛보이고 싶어져요. 그럴 때 병은 선물 용기로 그만이에요. 내용물에 맞춰서 스탬프를 찍고, 태그나 리본을 곁들여서 선물해보세요. 집에서 만든 과자나 잼을 넣어도 정말 좋아요.
애지중지하는 단추 수집품이나 면 레이스, 고풍스러운 바느질 도구는 속이 보이는 용기에 넣어서 실내 장식에 활용해도 좋아요. 큰 병에 바느질 도구 문양을 색색별로 찍었답니다.

60

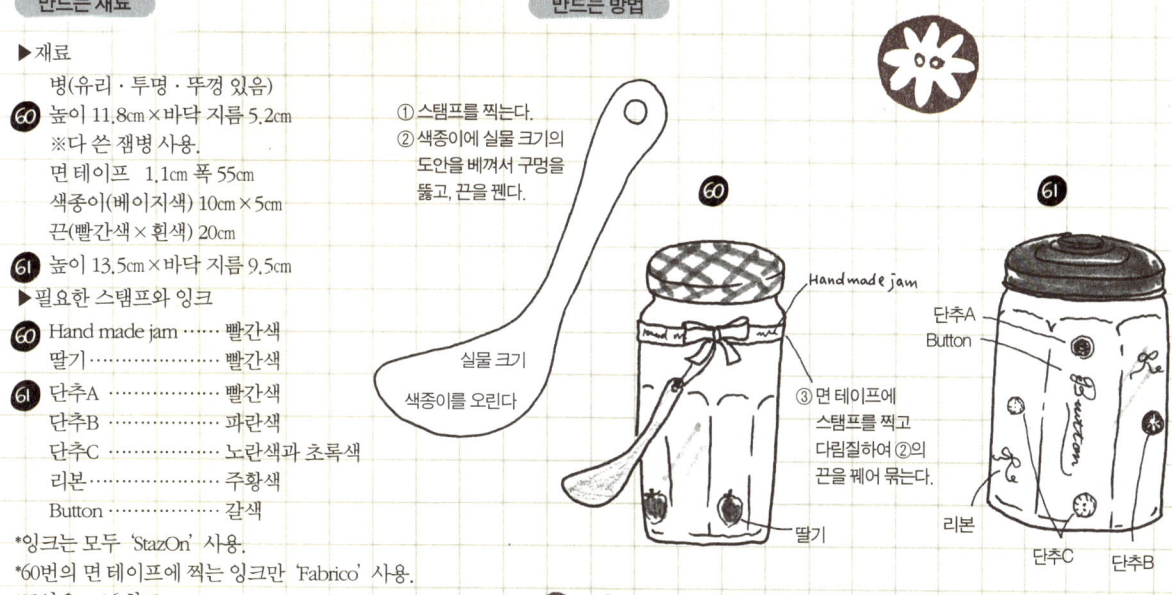

만드는 재료

▶재료
병(유리 · 투명 · 뚜껑 있음)
⓺ 높이 11.8cm×바닥 지름 5.2cm
※다 쓴 잼병 사용.
면 테이프 1.1cm 폭 55cm
색종이(베이지색) 10cm×5cm
끈(빨간색×흰색) 20cm
⓺ 높이 13.5cm×바닥 지름 9.5cm

▶필요한 스탬프와 잉크

⓺ Hand made jam ······ 빨간색
딸기 ················· 빨간색
⓺ 단추A ··············· 빨간색
단추B ··············· 파란색
단추C ··············· 노란색과 초록색
리본 ················ 주황색
Button ············· 갈색

*잉크는 모두 'StazOn' 사용.
*60번의 면 테이프에 찍는 잉크만 'Fabrico' 사용.
*도안은 p.86 참조.

만드는 방법

① 스탬프를 찍는다.
② 색종이에 실물 크기의 도안을 베껴서 구멍을 뚫고, 끈을 꿴다.
③ 면 테이프에 스탬프를 찍고 다림질하여 ②의 끈을 꿰어 묶는다.

실물 크기 색종이를 오린다

실물 크기 도안

작은 꽃

빛나는 보석 단추

맛있는 건 나눠 먹기

Hand made jam

오렌지   나풀나풀 리본   꽃과 잎

★ 예쁜 문자 도장 ★

자주 사용하는 문자를 도안으로 만들었어요.
쓰고 싶은 글자를 조합해서 자유롭게 모양을 내보세요.
실제 작품에는 사용하지 않은 도안입니다. 자유롭게 활용해 보세요.

ABCDEFG
HIJKLMN
OPQRSTU
VWXYZ

myroom

abcdefg
hijklmn
opqrstu
vwxyz

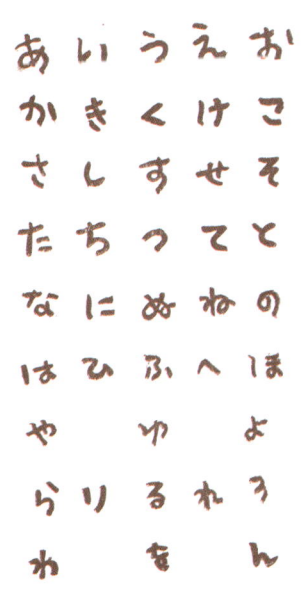

1234567890・❊/@:♪

ありがとう
Thank You
merci

Part 10

독서가 즐거워지는 북 액세서리

시간이 좀 나면 책을 읽어요.
아이가 낮잠을 잘 때나 전철로 이동할 때…….
독서를 즐길 만한 시간이 아닐 때도 책을 펼치면 기분이 좋아져요.
집에서는 소파 팔걸이에 책을 두고, 외출할 때는 가방 안에 쏙 넣어서 나가고…….
나만의 북 커버는 책을 읽을 때는 물론이고, 평소에도 기분 전환에 도움이 되더라고요.

집안에서 쓰는 북 커버

집안에서 사용하는 북 커버예요. 줄무늬 천에 스툴과 전등 문양을 찍은 것도 예쁘고, 여자아이가 즐겁게 노래를 부르는 문양을 콩콩 찍어준 것도 귀여워요. 커버에 달린 책갈피에는 머그잔과 음표를 각각 찍어보았어요.

외출용 북 커버와 책갈피

바구니 가방에 쏙 넣어 들고 다니고 싶은 민들레 문양의 북 커버예요. 들판을 생각하며 자유롭게 찍어 보았어요. 책갈피에는 민들레를 든 여자아이를 찍었답니다.

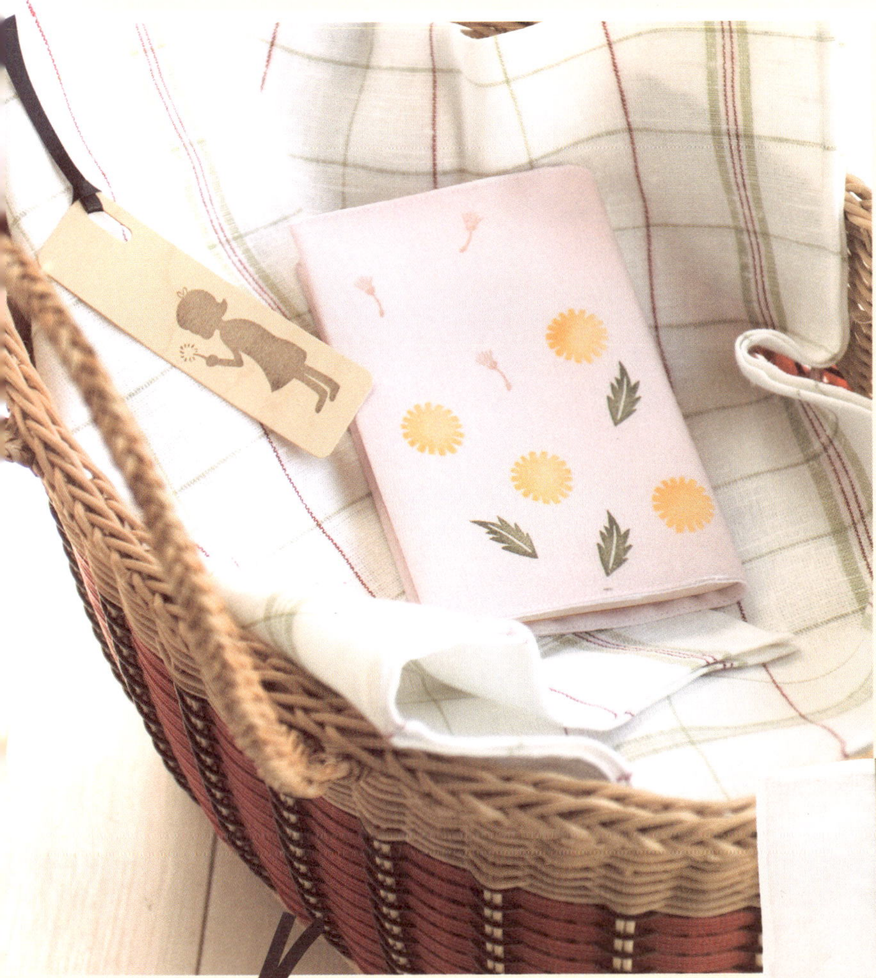

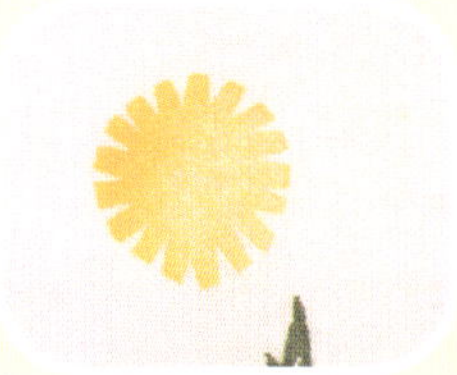

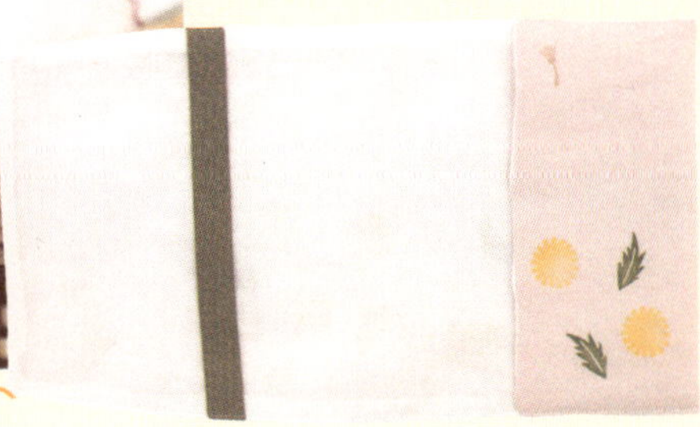

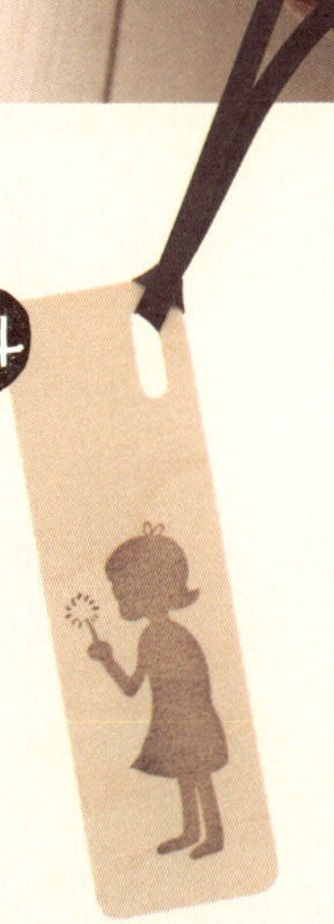

64

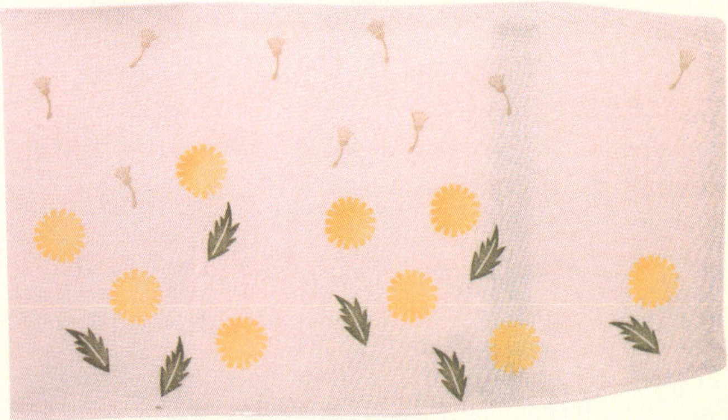

65

만드는 재료

▶ 62 63 65 완성 크기 : 17cm×30.5cm
▶ 재료

62 A천(면·줄무늬·베이지색) 18cm×39cm
B천(면·꽃무늬·갈색×파란색)
18cm×39cm 1장, 3cm×3cm 1장
C천(면·민무늬·흰색) 3cm×3cm
면 테이프A(파란색, 1.5cm 폭) 19cm
면 테이프B(베이지색, 6mm 폭) 18cm

63 A천(마·민무늬) 18cm×39cm
B천(면·물방울·하늘색) 18cm×39cm
면 테이프A(어두운 베이지색, 1.5cm 폭) 19cm
면 테이프B(노란색, 1cm 폭) 21cm

65 A천(마·민무늬·분홍색) 18cm×39cm
B천(면·민무늬·흰색) 18cm×39cm
면 테이프A(탁한 황갈색, 1.5cm 폭) 19cm

▶ 필요한 스탬프와 잉크

62 Books time ……… 검은색
전등 …………… 갈색
스툴 …………… 갈색
컵 ……………… 연두색

63 여자아이 ………… 남색
음표A …………… 남색
음표B …………… 남색
음표C …………… 남색
말풍선 가사 …… 남색

65 민들레 …………… 노란색
잎사귀 …………… 초록색
홀씨 ……………… 베이지색

*잉크는 모두 'Fabrico' 사용.

64 ▶ 완성 크기 : 16.5cm×3.5cm
▶ 재료
목재 11.5cm×3.5cm
가죽 끈(갈색, 5mm 폭) 16.5cm
▶ 필요한 스탬프와 잉크
여자아이 ………… 갈색
*잉크는 모두 'artnic' 사용.

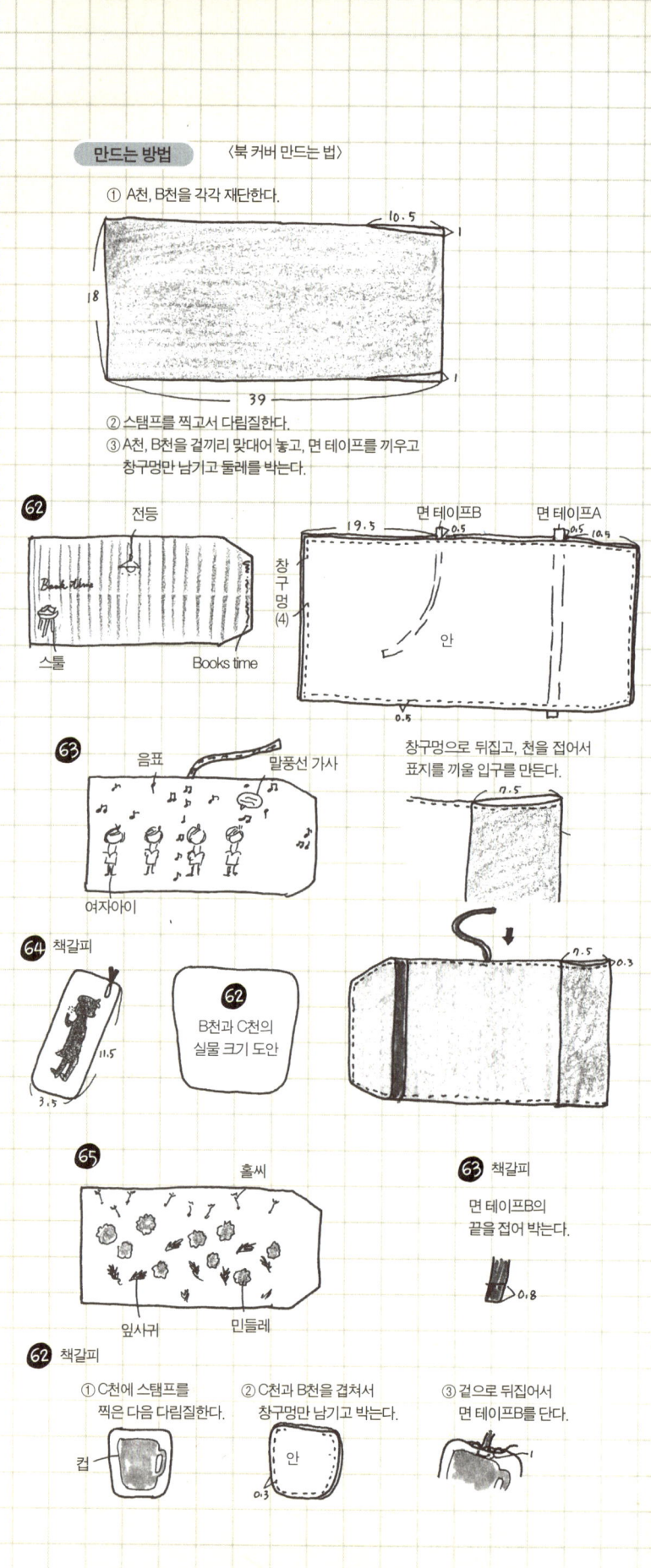

실물 크기 도안

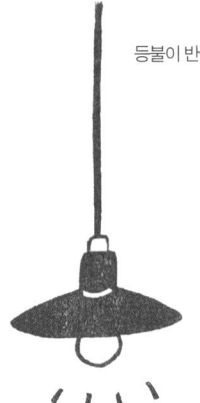
등불이 반짝

마음에 쏙 드는 머그잔

책 한 권의 행복

민들레 홀씨를 쥔 소녀

Books time

설레는 봄
  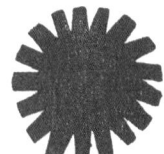

반짝반짝 작은 별

노래하는 소녀

핫 초콜릿이 좋아

Part 11

나만의 카드

받는 사람을 떠올리며 카드와 봉투를 고르는 일, 참 설렙니다.
계절감을 느끼게 해주거나 상대방이 좋아하는 문양을 골라서 꾹 찍어주지요.
종이에 찍는 것은 스탬프의 가장 보편적인 사용 방법이에요.
그래서 더욱 자기만의 독특한 편지를 보내고 싶어지지요.
이메일로는 느낄 수 없는, 손수 쓰는 편지의 설렘을 소중히 여겼으면 합니다.

생일 카드

생일 축하 노래가 흘러나올 것만 같은 피아노 카드, 그리고 파티 드레스가 참 사랑스러워 보이는 생일 카드예요. 건반은 네모난 스탬프를 적절히 나열하기만 하면 돼요. 드레스 카드에는 레이스를 덧붙여 더욱 소녀 같은 느낌을 살려보았어요.

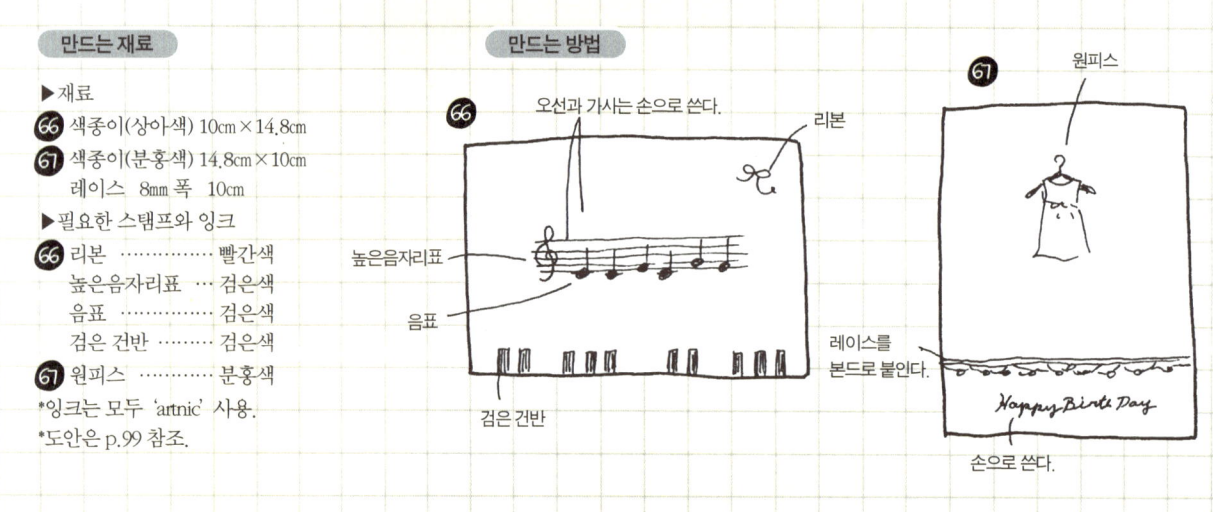

만드는 재료

▶재료
- 66 색종이(상아색) 10cm×14.8cm
- 67 색종이(분홍색) 14.8cm×10cm
  레이스 8mm 폭 10cm

▶필요한 스탬프와 잉크
- 66 리본 ············ 빨간색
  높은음자리표 ··· 검은색
  음표 ············ 검은색
  검은 건반 ······· 검은색
- 67 원피스 ··········· 분홍색

*잉크는 모두 'artnic' 사용.
*도안은 p.99 참조.

만드는 방법

66
- 오선과 가사는 손으로 쓴다.
- 리본
- 높은음자리표
- 음표
- 검은 건반

67
- 원피스
- 레이스를 본드로 붙인다.
- 손으로 쓴다.

행복한 크리스마스

크리스마스 하면 떠오르는 트리. 스탬프로 쿡 찍어서 한 발 먼저 보내는 건 어떨까요? 나무로 만든 카드와 종이는 스탬프를 찍는 느낌이랄까 분위기가 사뭇 다르답니다.

연하장

새해 인사에 연하장이 빠질 수 없지요? 수공예 느낌의 카드에 금색, 은색의 종으로 모양을 냈어요. 스탬프만으로도 멋지지만, 리본을 더해서 좀 더 화려하게 꾸몄답니다.

한여름의 안부 인사

뜨거운 여름도 즐겁게 넘길 수 있을 것만 같은 카드를 두 장 소개할게요. 이런 카드가 온다면 정말 기쁘지 않겠어요?

만드는 재료

▶재료
- 68 목재 엽서 14.8cm×10cm
- 69 색종이(빨간색) 14.8cm×10cm
- 70 색종이(노란색) 14.8cm×10cm
  끈(빨간색×흰색) 35cm
  종이(흰색) 8mm×6.5cm
- 71 색종이(남색) 14.8cm×10cm
- 72 색종이(상아색) 14.8cm×10cm

▶필요한 스탬프와 잉크
- 68 트리 ············ 연두색과 초록색
  썰매 ············ 남색
  물방울 ·········· 빨간색
- 69 종 ············· 금색과 은색
  복 ············· 남색
- 70 종 ············· 금색과 은색
  Happy New Year ··· 검은색
- 71 모자 ············ 검은색
  선글라스 ········ 검은색
  가방 ············ 검은색
  Lété ············ 흰색
- 72 매미 ············ 초록색
  맴맴(ミーン) ······ 남색

*잉크는 모두 'artnic' 사용.

만드는 방법

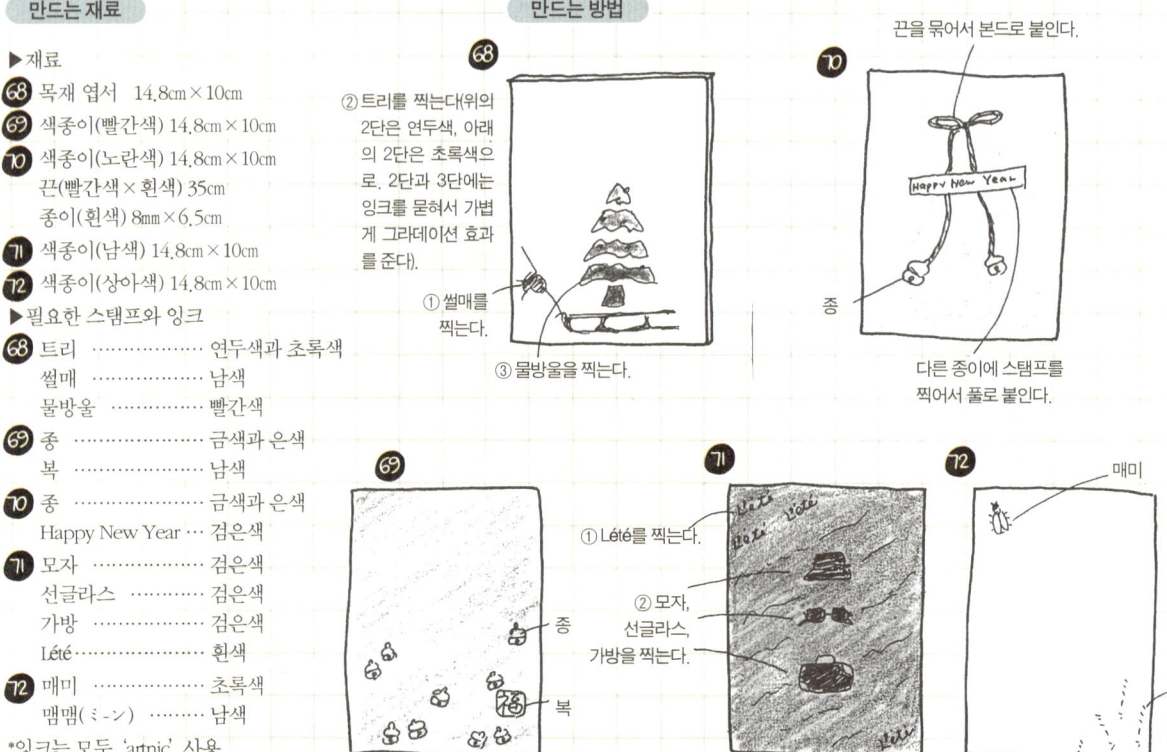

실물 크기 도안

아주 작은 ABC 북

아주 작은 ABC 북은 A~Z까지의 머리 문자를 스탬프로 만들어서 페이지마다 콕콕 찍어준 미니 북이에요. 우표와 똑같은 크기로 만든 ABC 북은 손바닥보다 작아서 정말 귀여워요. 보고 있기만 해도 행복해 진답니다.

만드는 재료

▶ 완성 크기 : 4.5cm×4.8cm
▶ 재료
　색종이(빨간색) 10cm×4.5cm 1장
　복사용지 A4 크기 1장
　크래프트지 3.5cm×2cm 2장
　풀(고형)
　마커
　시판되는 알파벳 스탬프
▶ 필요한 스탬프와 잉크
　ABC Stamp Book, 무당벌레, 사과, 단추, 치즈, 달걀, 꽃, 지갑, 햄버거, 아이스크림, 잼, 주전자, 쥐, 너트, 양파, 돼지, 오리, 라디오, 신발, 거북, 호박 팬츠, 밸런타인, 수레, 실로폰, 털실, 지퍼, 개
　잉크 ············· 갈색
　작은 점 ········· 빨간색
*잉크는 모두 'artnic' 사용.

만드는 방법

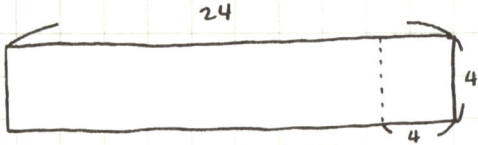

① 복사용지를 띠 모양으로, 치수대로 5장 자른다.

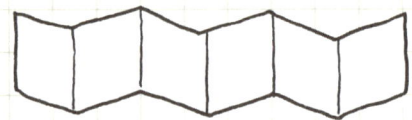

② 4×4의 크기로 병풍접기를 한다.

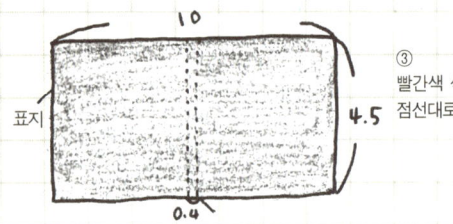

③ 빨간색 색종이를 잘라서 점선대로 접었다 편다.

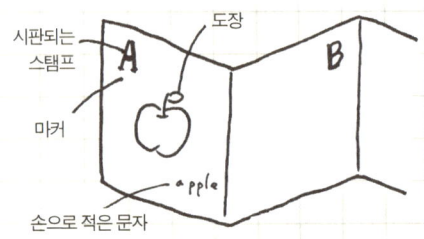

④ 스탬프를 찍는다.

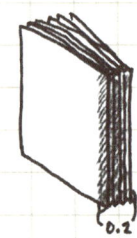

⑤ 부분에 풀을 바른다 (액체보다는 고체 풀이 좋다).

⑥ 제본한다. (잘 겹쳐서 무거운 책 등을 올려 놓는다). 스탬프를 찍은 크래프트지를 표지에 붙인다.

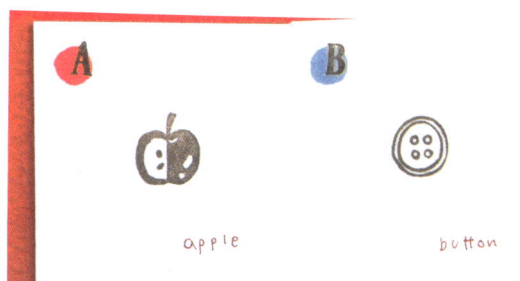

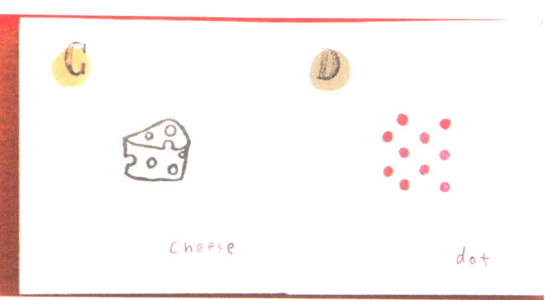

실물 크기 도안

알파벳은 도안을 사용한 작품의 번호랍니다.

A	B	C	D	E	F	G	H

°C 의 치즈와 실제 치즈 통. ABC 책이 치즈 통보다 작다.

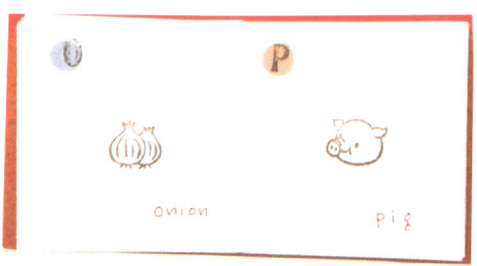

실물 크기 도안

알파벳은 도안을 사용한 작품의 번호랍니다.

I J K L M N O P Q R

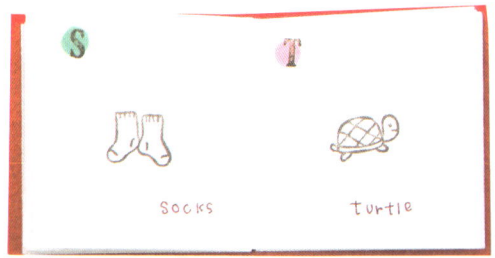

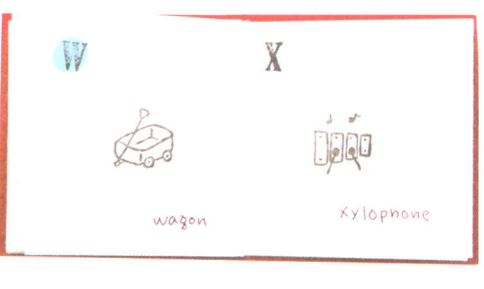

S T U V W X Y Z

Part 12

추억의 앨범

한번 밀리기 시작하면 정리하기가 영 귀찮아지는 것이 바로 사진이에요.
'정리해야 하는데……' 하고 미루지 말고, 인화하자마자 앨범에
착착 붙여보세요. 정리의 즐거움을 느낄 수 있을 거예요.
항상 손닿는 곳에 얇고 작은 앨범을 준비해둔다면,
여행이나 기념할 만한 일이 있을 때 더욱 손쉽게 사진을 넣어둘 수 있죠.
잡지에 나오는 옷이나 잡화 등을 스크랩할 때도 그 자리에서
바로바로 붙여보세요. 그러면 잡지를 여러 번 펼치지 않아도 되잖아요.
스크랩 북 하나에 마음에 드는 물건들이 모두 담겨서 참 좋답니다.

스크랩 북

추억이 담긴 사진은 소중히 간직하고 싶은 법이지요. 귀여운 스탬프로 장식해보세요. 표지에 사용한 스탬프를 속지에도 콩콩 찍어주면 아주 귀엽게 마무리할 수 있어요. 토끼나 모자 같은 올망졸망한 문양 말고도 프레임, 클립, 핀과 같은 문양도 만들어 봤답니다.

만드는 재료

▶재료
스크랩 북(고리 달림 · 갈색) 21cm×21.5cm
종이(흰색) 20cm×20cm

▶필요한 스탬프와 잉크
큰 프레임 ………… 회색
작은 프레임 ……… 회색
토끼……………… 분홍색
가방……………… 연두색
레코드 플레이어 … 진한 분홍색
모자……………… 하늘색과 주황색
여자아이 ………… 남색
실로폰…………… 갈색
트럼프…………… 베이지색
동전 지갑 ………… 분홍색
클립……………… 남색
테이프…………… 갈색
핀………………… 주황색

*잉크는 모두 'artnic' 사용.
*도안은 p111 참조.

만드는 방법

① 각 종이에 프레임을 찍고 나서 그 안에 다시 문양을 찍는다.
② 풀로 스크랩 북에 붙인다.
③ 클립, 테이프, 핀은 종이를 붙이고 나서 찍는다.

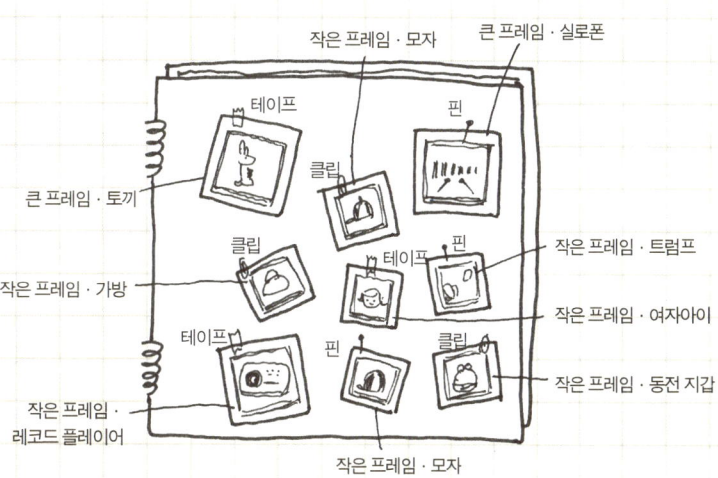

아기 앨범

갓 태어난 아기의 사진. 많이 찍기는 했는데 예쁘게 정리할 자신이 없다고요? 스탬프를 활용해보세요. 한 군데에 꾹 찍어주기만 해도 아이의 앨범이라는 느낌이 확 살아나거든요. 조금 어른스럽게 꾸미고 싶을 때는 75번처럼 검은색 잉크로 찍어보세요. 간결하면서도 멋져서 '정말로 직접 만든 건가' 싶을 거예요.

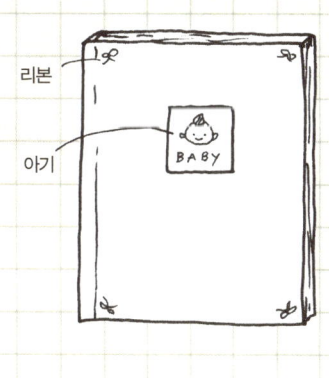

만드는 재료

74 ▶재료
앨범(베이지색) 22.5cm×16.5cm
천(마·민무늬·흰색) 5cm×5cm
▶필요한 스탬프와 잉크
아기 ············· 하늘색
리본 ············· 하늘색
*잉크는 모두 'Fabrico' 사용.
*도안은 p.111 참조.

75 ▶재료
앨범(베이지색) 10.5cm×15.7cm
▶필요한 스탬프와 잉크
Memories ········ 검은색
☆이름 스탬프는 자유롭게.
*잉크는 모두 'Fabrico' 사용.
*도안은 p.111 참조.

만드는 방법

74
① 천에 스탬프를 찍고 다림질한다.
② 앨범에 천을 풀로 붙인다.

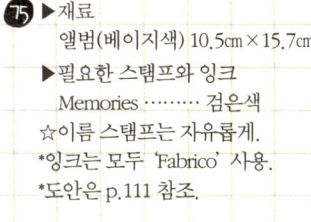

75
① 스탬프를 찍고 다림질한다.

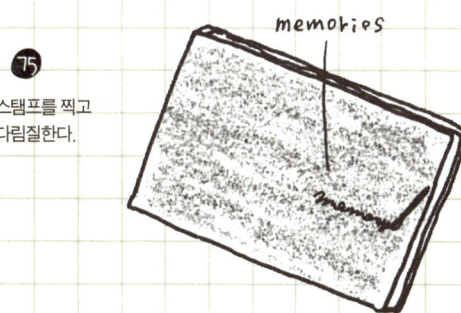

여행의 추억

여행지에서 찍은 사진을 정리할 때는 이런 느낌으로 꾸며보세요. 기차 스탬프를 색색으로 콩콩 연결해서 찍으면 연속된 문양이 탄생해요. 색색의 기차가 여행지에서의 추억을 싣고 달려온답니다.

만드는 재료

▶ 재료
  앨범(베이지색) 10.5cm×15.7cm
▶ 필요한 스탬프와 잉크
  기차 ············· 빨간색·파란색·남색
*잉크는 모두 'Fabrico' 사용.
*도안은 p.111 참조.

만드는 방법

① 스탬프를 찍고 다림질한다.

기차

실물 크기 도안

레코드 플레이어

여자아이

딩동댕 실로폰

동전 지갑

모자

가방

클립

테이프

핀

토끼인형

귀여운 아기

리본

어디라도 날아서

트럼프

추억을 엮어서

추억 한가득

칙칙폭폭 기차

언제나 함께

신나는 드라이브

프레임 대·소

씽씽 자전거

Part 13

보온병과 함께

최근 친환경 아이템으로 주목을 받기 시작한 보온병.
저는 결혼하기 전부터 빨간색 격자무늬 보온병을 애용했어요.
가족이 늘면서 보온병의 수도 늘었지만, 역시 가장 애착이 가는 것은 이 빨간 보온병이더라고요.
따뜻한 커피를 넣어서 일할 때 친구로 삼기도 하고, 주스를 넣어서 아이 간식 시간에 활용하기도 하고요.
그런 시간을 더욱 즐겁게 해주는 것이 바로 보온병 받침과 키친 클로스, 보온병 주머니랍니다.

보온병 받침

보온병 받침에 보온병 문양을 빨간 잉크로 콕 찍어주었어요. 77번의 테두리에는 좀 더 밝은 느낌이 나도록 꽃잎 레이스를 달았고요. 간식 시간에 잘 어울리는 키친 클로스에도 빨간 꽃을 콕콕 찍어서 통일감을 주었답니다.

77의 뒷면

79의 뒷면

만드는 재료

⑰ ▶완성 크기 : 17cm×17cm
▶재료
겉감(면·갈색) 19cm×19cm
안감(울·격자무늬) 19cm×19cm
퀼트 솜 19cm×19cm
탭 천(무명) 7cm×4.5cm
끈(굵기 0.2cm) 30cm

▶필요한 스탬프와 잉크
보온병 ············· 빨간색
my pot ············· 갈색
*잉크는 모두 'Fabrico' 사용.

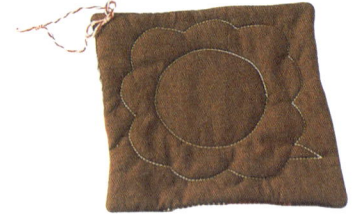

재단
※시접을 1cm 두고 자르세요.

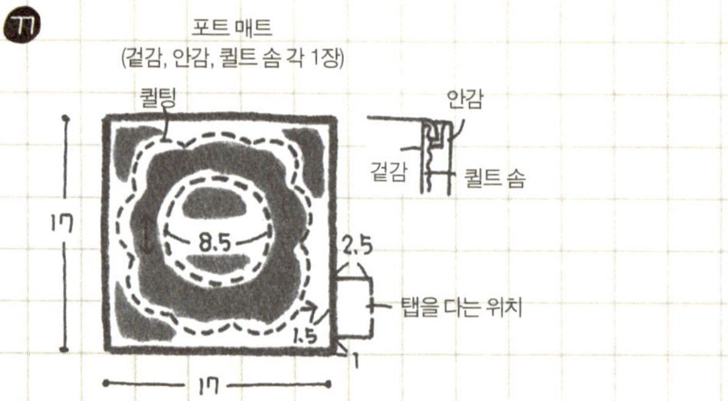

⑰ 포트 매트
(겉감, 안감, 퀼트 솜 각 1장)

퀼팅 / 안감 / 겉감 / 퀼트 솜
17 / 8.5 / 2.5 / 4.5 / 1 / 17
탭을 다는 위치

만드는 방법

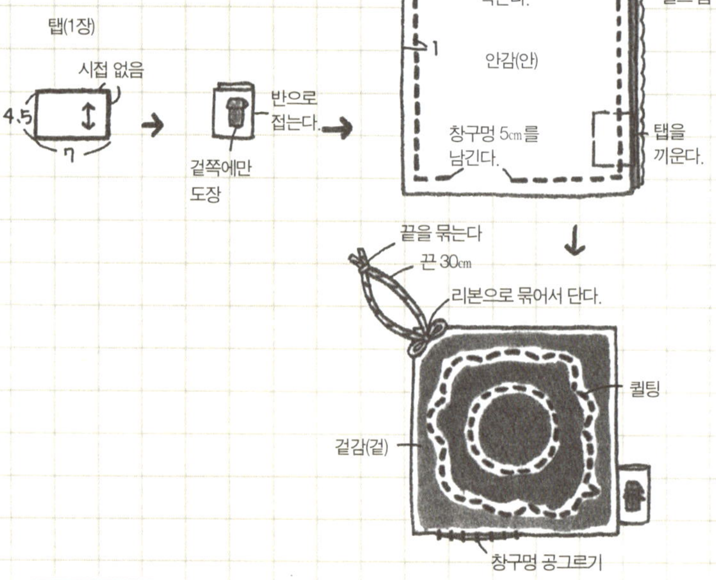

탭(1장)
시접 없음
4.5 / 7
겉쪽에만 도장
반으로 접는다.

겉감(겉) / 퀼트 솜
박는다. / 1
안감(안)
창구멍 5cm를 남긴다.
탭을 끼운다.

끝을 묶는다
끈 30cm
리본으로 묶어서 단다.
겉감(겉)
퀼팅
창구멍 공그르기

만드는 재료

㉙ ▶재료
시판되는 키친 클로스 48cm×38.5cm
테이프(0.5cm 폭) 40cm

▶필요한 스탬프와 잉크
꽃 ················ 빨간색
작은 점 ············ 검은색
*잉크는 모두 'Fabrico' 사용.

만드는 방법

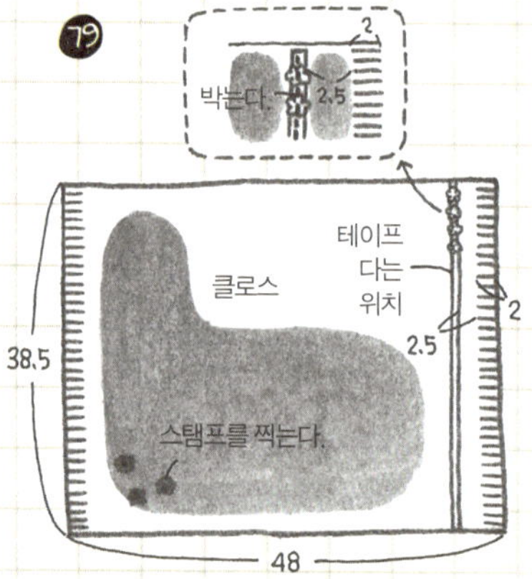

㉙
박는다 / 2 / 2.5
클로스
테이프 다는 위치
38.5 / 2 / 2.5
스탬프를 찍는다.
48

만드는 재료

▶ 완성 크기 : 14.4cm × 14.4cm
▶ 재료
  겉감(마·표백하지 않은 천) 15cm × 15cm
  안감(면·갈색) 15cm × 15cm
  퀼트 솜 15cm × 15cm
  레이스(1cm 폭) 45cm
  끈(굵기 0.2cm) 22cm
▶ 필요한 스탬프와 잉크
  보온병 ············· 빨간색
  my pot ············· 갈색
*잉크는 모두 'Fabrico' 사용.

재단

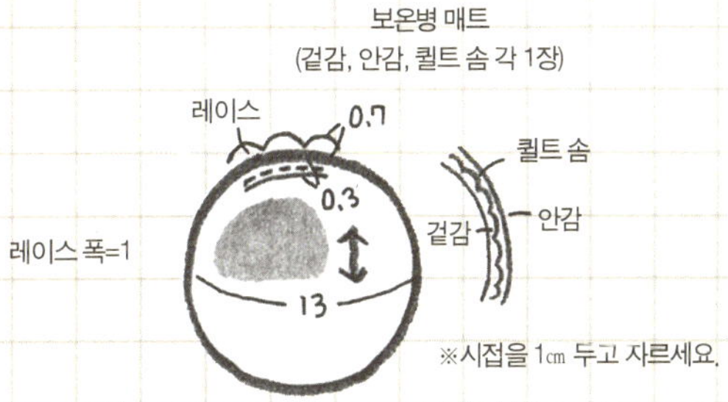

보온병 매트
(겉감, 안감, 퀼트 솜 각 1장)

레이스 0.7
0.3
13
레이스 폭=1
퀼트 솜
겉감
안감

※시접을 1cm 두고 자르세요.

만드는 방법

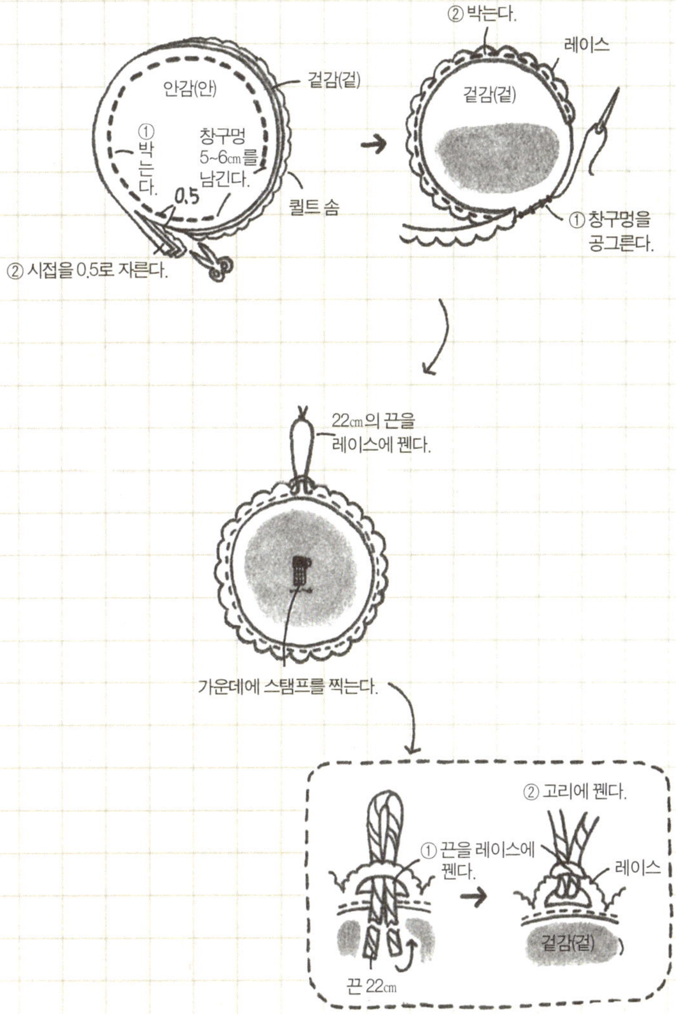

안감(안)
겉감(겉)
① 박는다.
창구멍 5~6cm를 남긴다.
0.5
퀼트 솜

② 시접을 0.5로 자른다.

② 박는다.
레이스
겉감(겉)
① 창구멍을 공그른다.

22cm의 끈을 레이스에 꿴다.

가운데에 스탬프를 찍는다.

① 끈을 레이스에 꿴다.
② 고리에 꿴다.
레이스
겉감(겉)
끈 22cm

보온병 주머니

아이와 같이 밖에 나갈 때는 외출용 보온병을 전용 주머니에 넣어 가요. 토끼와 꽃을 자유롭게 쿡쿡 찍은 주머니지요. 들고 있기만 해도 산책이 더욱 즐거워진답니다.

만드는 재료

▶재료
a천(면 · 꽃무늬) 34㎝×21㎝
b천(마 · 표백하지 않은 천) 34㎝×24㎝
면 테이프(1.5㎝ 폭) 58㎝
벨벳 리본(0.3㎝ 폭) 15㎝ 2개
마 끈(0.4㎝ 폭) 64㎝ 2개
▶필요한 스탬프와 잉크
꽃 ………………… 파란색
작은 점 ………… 갈색
토끼 …………… 갈색
*잉크는 모두 'Fabrico' 사용.

재단

※○숫자만큼 시접을 두고 자르세요.

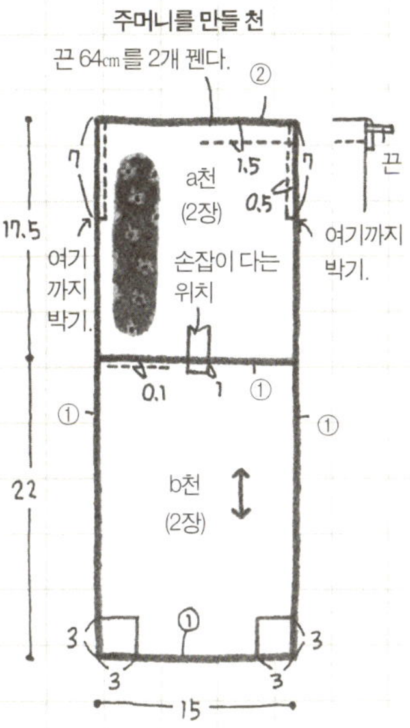

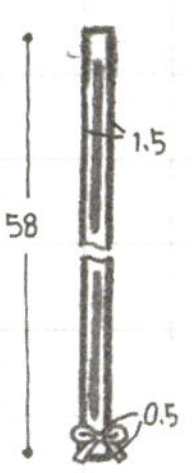

주머니를 만들 천
끈 64㎝를 2개 꿴다.
②
끈
1.5
0.5
a천
(2장)
7
7
17.5
여기까지 박기.
여기까지 박기.
손잡이 다는 위치
0.1
1
①
①
①
22
b천
(2장)
①
3
3
3
3
15

손잡이(면 테이프 1개)
1.5
58
리본 폭=0.3
0.5

만드는 방법

① 시접 가장자리를 휘갑치거나 지그재그로 박는다.
③ 2장을 같이 휘갑치거나 지그재그로 박는다.
② 박는다.
a천(안)
b천(겉)
여기까지 박는다.
a천(안)
a천(겉)
0.1
② 겉쪽에서 바느질
① 시접을 아래로 넘긴다.
③ 박는다.
b천(안)
b천(겉)
15
바닥 폭을 만든다.
옆선
① 박는다.
3
3
② 자른다.
③ 휘갑치거나 지그재그 박기.
박는다.
0.5
a천 (안)
시접을 벌린다.
끈을 꿰는 법
② 주머니 입구를 박는다.
⑤ 64㎝의 끈 2개를 꿴다.
0.5
1.5
① 박는다.
면 테이프
접는다.
③ 박는다.
(겉)
④ 15㎝의 리본을 묶어서 면 테이프에 단다.
⑥ 스탬프를 찍는다.

실물 크기 도안

My foot

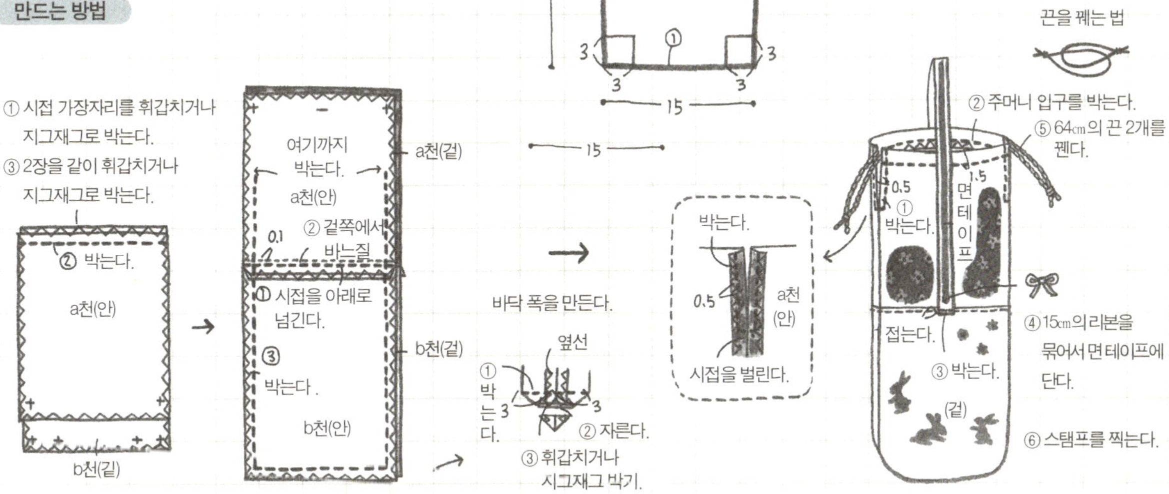

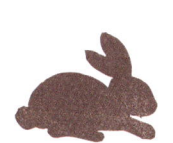

깡충깡충 토끼

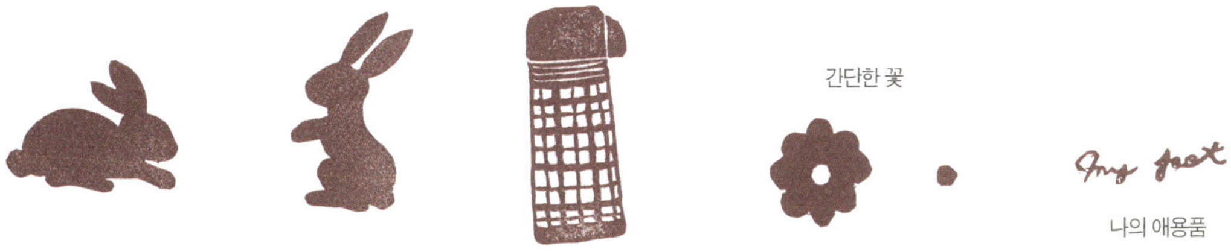

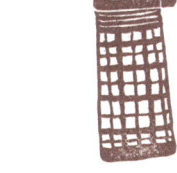

격자무늬가 좋아

간단한 꽃

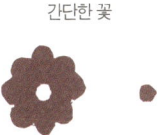

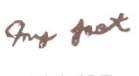

나의 애용품

살짝 공개!

고마 게이코 - 작가의 작업실

산들바람이 불고, 햇살이 내리쬐는 방, 반짝반짝 빛을 내는 창가의 모빌……. 고마 게이코 씨의 아틀리에는 바다 바로 옆에 있었다.
"지우개 스탬프는 쓰임새가 정말 다양해요."
고마 게이코 씨는 그렇게 말했다. 그녀는 책에 담은 작품 말고도 가죽 조각에 스탬프를 찍어 만든 스트랩이며 지점토에 찍어 만든 장신구, 그리고 작은 ABC 북을 보여 주었다.
"지우개 스탬프는 한 번 만들어 놓으면 몇 번이고 계속해서 쓸 수 있어요. 그리고 종이나 천, 식기 등 찍는 아이템이나 잉크의 색을 바꾸기만 하면 느낌도 달라져요. 색색의 잉크로 다양하게 즐겨보셨으면 해요."
아틀리에의 문을 열면 우선 많은 창문과 그 너머로 보이는 바다, 그리고 크고 하얀 책상이 눈에 들어온다. 방의 양쪽 창문을 열면 바다에서부터 불어온 바람이 기분 좋게 스쳐 지나간다. 그런 바람을 느끼면서 상쾌한 기분으로 책상에 앉으면 아이디어가 자연스럽게 샘솟고, 시간도 어찌나 빨리 가는지 어느새 저녁인가 싶을 때도 많다고 한다. 책상 위에는 색색의 마커와 색연필, 도장 조각에 쓰는 지우개, 각종 도구가 놓여 있다. 바로 이곳에서 고마 게이코 씨는 사랑스러운 영감을 떠올리고, 그 영감을 실제 모양으로 만들어내고 있는 것이다.
최근에는 돌과 치유(healing stone)에 관해서도 공부하며, 자격증도 준비 중이란다. 많은 사람이 돌이 가진 치유의 힘을 알았으면 하는 생각에서 돌을 곁들인 장신구도 만든다. 새로운 분야에 흥미를 느끼고 자신의 활동 무대를 더욱 넓혀가 지우개 도장, 천 디자인, 잡화 디자인, 장신구 디자인 등, 귀엽고 깜찍한 여러 물건을 디자인하는 고마 게이코 씨. 정말 눈을 뗄 수가 없었다.

직접 만든 스트랩과 장신구.   아기자기한 물건들로 가득한 주방.   직접 디자인한 지우개 도장들.   작은 돌로 장식한 모빌.